PRECURE
20th ANNIVERSARY
プリキュア20周年キャラクターブック

JN113156

PRECURE INDEX （五十音順）

プリキュア20周年キャラクターブック
CONTENTS

ふたりはプリキュア／ふたりはプリキュア Max Heart

キュアブラック／美墨なぎさ

[CV 本名陽子]

CURE BLACK / MISUMI NAGISA

私立ベローネ学院の中等部に通う、元気いっぱいの女の子。所属するラクロス部ではエースを務めるなど、活発で身体を動かすことが大好き（反面、学校の勉強はそれほど得意ではない様子）。光の園からやってきた妖精・メップルとの出会いを経て、プリキュアに変身する力を得てからは、キュアブラックとしてザケンナーたちに対峙。パートナーであるキュアホワイトと協力して「プリキュア・レインボー・ストーム」など、さまざまな決め技を放つことができる。変身時の決めゼリフは「光の使者 キュアブラック！」。

美墨なぎさ
制服

美墨なぎさ
私服

美墨なぎさ
浴衣

キュアブラック
ふたりはプリキュア

キュアブラック
ふたりはプリキュア
Max Heart

なぎさと同じく、私立ベローネ学院の女子中等部に通う
女の子。科学部に所属し、勉強の成績は常にトップクラ
スという優等生。また、クラス委員も務めている。お嬢
様育ちで物腰はやわらかいが、間違ったことや悪いこと
を見すごせない強い正義感の持ち主。光の園からやって
きた妖精・ミップルに導かれて、なぎさとともにプリキュ
アに変身。キュアホワイトとして、ザケンナーたちと戦
う。キュアブラックと協力して「プリキュア・マーブル・
スクリュー」など、さまざまな決め技を繰り出す。変身時
の決めゼリフは「光の使者 キュアホワイト！」。

ふたりはプリキュア／ふたりはプリキュア Max Heart

キュアホワイト／雪城ほのか

[CV ゆかな]

CURE WHITE / YUKISHIRO HONOKA

雪城ほのか
制服

雪城ほのか
私服

雪城ほのか
浴衣

キュアホワイト
ふたりはプリキュア

キュアホワイト
ふたりはプリキュア
Max Heart

私立ベローネ学院女子中等部の1年生。ワゴンのたこ焼き屋「TAKO CAFE」を手伝いながら、なぎさが所属するラクロス部の先輩・藤田アカネと暮らしている。おとなしいが芯は強く、成績も優秀。ただし、世間の常識とちょっぴりズレている一面も。プリキュアとして戦うなぎさとほのかの力になりたいと願い、ポルンとの出会いを経て、シャイニールミナスに変身。その正体は『ふたりはプリキュア』のラストで分裂したクイーンの一部だった。なぎさ&ほのかと協力して、決め技「エキストリーム・ルミナリオ」などを繰り出す。変身時の決めゼリフは「輝く命 シャイニールミナス!」。

ふたりはプリキュア Max Heart

シャイニールミナス／九条ひかり

[CV 田中理恵]

SHINY LUMINOUS / KUJO HIKARI

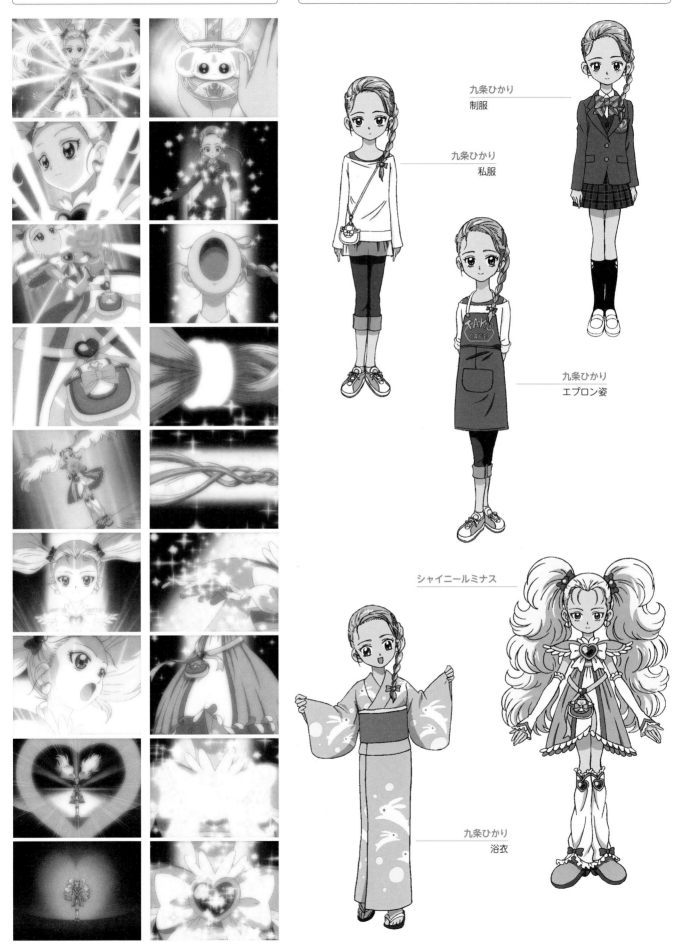

九条ひかり
制服

九条ひかり
私服

九条ひかり
エプロン姿

シャイニールミナス

九条ひかり
浴衣

ふたりはプリキュア Splash☆Star
キュアブルーム／日向 咲
［CV 樹元オリエ］

CURE BLOOM / HYUGA SAKI

夕凪中学校の2年生で、みんなのムードメーカー的な存在。パティシエである父・大介とパン職人の母・沙織が経営するベーカリー「PANPAKAパン」を手伝う明るく活発な女の子だ。ソフトボール部に所属するスポーツ好きな少女だが、勉強は苦手。泉の郷からやって来た妖精フラッピ＆チョッピと「大空の木」で出会い、ふたりを守るためにキュアブルームに変身。美翔舞が変身するプリキュア、キュアイーグレットとともに、ウザイナーたちと戦う。変身時の決めゼリフは「輝く金の花 キュアブルーム！」。シリーズ後半では、フラッピとムープの力を借りて月のプリキュア、キュアブライトに変身する。

変身シーン

キャラクタービジュアル

日向 咲
制服

日向 咲
私服

日向 咲
浴衣

キュアブライト

キュアブルーム

ふたりはプリキュア Splash☆Star

キュアイーグレット／美翔 舞
[CV 榎本温子]

CURE EGRET / MISHO MAI

中学2年生のとき、夕凪中学校に転入してきた女の子。普段は
物静かでおしとやかだが、ひとたび何かに夢中になってしまう
と、まわりのことが目に入らなくなることも。絵を描くことが
大好きで、学校では美術部に所属している。妖精のフラッピ＆
チョッピから「泉の郷と世界を守るために」とプリキュアダイ
ヤを渡され、キュアイーグレットに変身。変身時の決めゼリフ
は「きらめく銀の翼 キュアイーグレット！」。キュアブルーム
と同様、シリーズ後半ではチョッピとフープの力を借りて風の
プリキュア、キュアウィンディに変身し、敵と戦う。

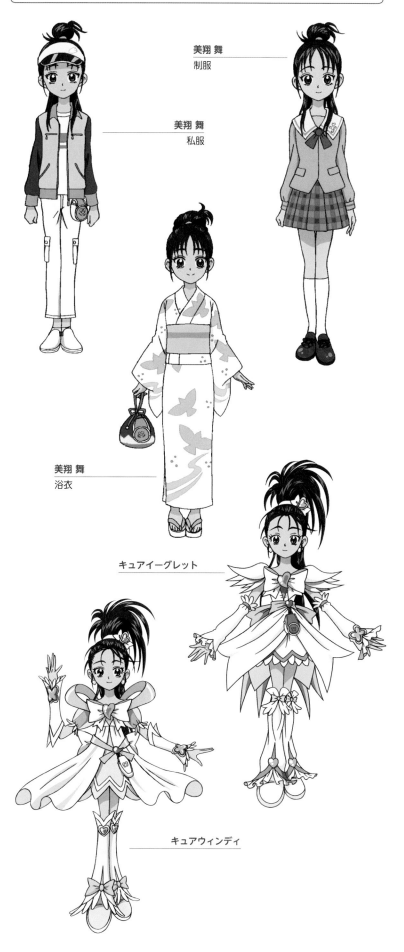

美翔 舞
制服

美翔 舞
私服

美翔 舞
浴衣

キュアイーグレット

キュアウィンディ

サンクルミエール学園に通う中学2年生。いつも明るく元気いっぱいで、失敗しても決してめげない前向きな性格。勉強、運動ともにあまり得意なほうではないが、何か夢中になれるものはないかと、さまざまなクラブ活動に挑戦する。図書館でパルミエ王国からやって来たココと出会い、ドリームコレットを狙う組織・ナイトメアと遭遇。ココを助けるべく、キュアドリームに変身する。決め技の「プリキュア・ドリームアタック」は、手のひらからエネルギーを打ち出し、相手にぶつける技。変身時の決めゼリフは「大いなる希望の力、キュアドリーム！」。

Yes！プリキュア5／Yes！プリキュア5 GoGo！

キュアドリーム／夢原のぞみ
[CV 三瓶由布子]

CURE DREAM / YUMEHARA NOZOMI

夢原のぞみ
制服

夢原のぞみ
私服
Yes！プリキュア5
GoGo！

夢原のぞみ
浴衣
Yes！プリキュア5
GoGo！

キュアドリーム
Yes！プリキュア5

キュアドリーム
Yes！プリキュア5
GoGo！

Yes！プリキュア5／Yes！プリキュア5 GoGo！

キュアルージュ／夏木りん
[CV 竹内順子]

CURE ROUGE / NATSUKI RIN

サンクルミエール学園の中学2年生。幼い頃からのぞみと仲が良く、天然ドジっ子なのぞみのツッコミ役でもある。所属するフットサル部ではエースを務めるほど、運動神経は抜群。のぞみに「一緒にプリキュアになろう」と誘われるものの、一度は固辞。しかし、彼女がココを守るべく戦う姿に心を打たれ、キュアルージュに変身する。決め技「プリキュア・ルージュファイヤー」は、真っ赤な炎を手のひらから打ち出す技。変身時の決めゼリフは「情熱の赤い炎、キュアルージュ！」。

07

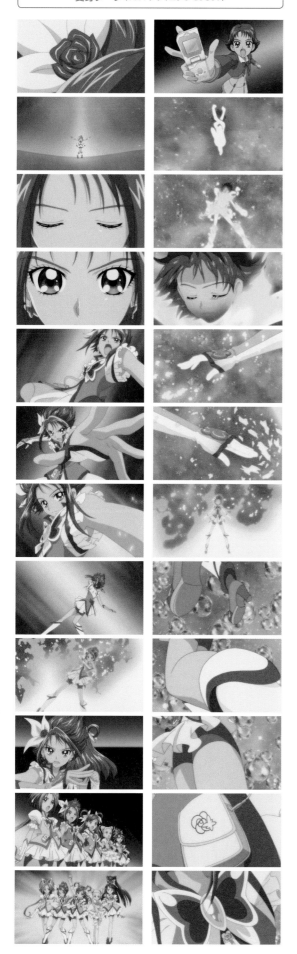

変身シーン（Yes！プリキュア5 GoGo！）

キャラクタービジュアル

夏木りん
制服

夏木りん
私服
Yes！プリキュア5
GoGo！

夏木りん
浴衣
Yes！プリキュア5
GoGo！

キュアルージュ
Yes！プリキュア5

キュアルージュ
Yes！プリキュア5
GoGo！

Yes!プリキュア5／Yes!プリキュア5 GoGo!

キュアレモネード／春日野うらら
[cv 伊瀬茉莉也]

CURE LEMONADE / KASUGANO URARA

サンクルミエール学園に通う中学1年生。フランス人の父と日本人の母の間に生まれたハーフ
で、女優志望の人気アイドルとしても活躍。ただ、その仕事のせいか友達ができず、学園では寂
しい思いをしていた。のぞみから「私たちは友達だ」と告げられたことをきっかけに仲良くな
り、ナイトメアと戦うのぞみとりんを見て、キュアレモネードに変身。決め技の「プリキュア・
レモネードフラッシュ」は、小さな光るチョウの群れを繰り出して敵を攻撃する技。変身時の
決めゼリフは「弾けるレモンの香り、キュアレモネード!」。

春日野うらら
制服

春日野うらら
私服
Yes！プリキュア5
GoGo！

春日野うらら
浴衣
Yes！プリキュア5
GoGo！

キュアレモネード
Yes！プリキュア5

キュアレモネード
Yes！プリキュア5
GoGo！

Yes！プリキュア5／Yes！プリキュア5 GoGo！

キュアミント／秋元こまち

［CV 永野 愛］

CURE MINT / AKIMOTO KOMACHI

サンクルミエール学園に通う中学3年生。読書が好きで図書委員を務めており、夢は小説家になること。おっとりとしていて、癒し系な雰囲気を醸し出しているが、怒らせると『プリキュア5』のメンバーの中で一番怖い。ナイトメアの新たな刺客・アラクネアの襲撃を受けた際、のぞみたちがプリキュアとなり、戦う姿を目撃。自分の夢を笑わずに応援してくれたのぞみを助けたいと願い、キュアミントへと変身する。決め技の「プリキュア・ミントプロテクション」は、半透明のバリアを発生させる防御系の技。変身時の決めゼリフは「安らぎの緑の大地、キュアミント！」。

キャラクタービジュアル

秋元こまち
制服

秋元こまち
私服
Yes！プリキュア5
GoGo！

秋元こまち
浴衣
Yes！プリキュア5
GoGo！

キュアミント
Yes！プリキュア5

キュアミント
Yes！プリキュア5
GoGo！

Yes！プリキュア5／Yes！プリキュア5 GoGo！

キュアアクア／水無月かれん
［CV 前田 愛］

CURE AQUA / MINAZUKI KAREN

サンクルミエール学園に通う中学3年生。成績優秀で容姿端麗な彼女は、生徒会長を務めるなど、生徒たちからの信頼も絶大。責任感も強く面倒見がいいことから、よく頼りにされている。演奏家として活躍する両親はいつも世界中を飛び回っており、かれんは執事の坂本とともに、大きな邸宅でふたり暮らし。そんな彼女の寂しい気持ちを見抜いたのぞみに心を開き、キュアアクアへと変身する。決め技の「プリキュア・アクアストリーム」は、激しい水流を敵にぶつける技。変身時の決めゼリフは「知性の青き泉、キュアアクア！」。

水無月かれん
制服

水無月かれん
私服
Yes！プリキュア5
GoGo！

水無月かれん
浴衣
Yes！プリキュア5
GoGo！

キュアアクア
Yes！プリキュア5

キュアアクア
Yes！プリキュア5
GoGo！

Yes!プリキュア5 GoGo!

ミルキィローズ／美々野くるみ
[CV 仙台エリ]

MILKY ROSE / MIMINO KURUMI

スコルプとブンビーに捕まったココたちを助けようとしていた、のぞみたちの前に
現れた謎の美少女戦士。のちに彼女は、美々野くるみとしてサンクルミエール学園
に転校してくるが、その正体は青いバラの力で人間の姿に変身した妖精・ミルク。
当初は注意深く行動していたが、意外なことからその正体がのぞみたちにバレてし
まう。戦いでは、巨大化したスコルプをたったひとりで倒すほどの強力なパワーの
持ち主。決め技は、青いバラの花吹雪を巻き起こす「ミルキィローズ・ブリザード」。
変身時の決めゼリフは「青いバラは秘密の印、ミルキィローズ！」。

美々野くるみ
制服

美々野くるみ
私服

美々野くるみ
浴衣

ミルキィローズ

ミルク

フレッシュプリキュア!

キュアピーチ／桃園ラブ
[CV 沖 佳苗]

CURE PEACH / MOMOZONO LOVE

公立四つ葉中学校に通う2年生。自分のことは後回しにして、他人のことにアツくなってしまう、明るく元気いっぱいの14歳。ダンスユニット「トリニティ」のリーダー・ミユキにダンスを教わることになり、幼なじみの美希＆祈里とともにダンスユニットを結成。トリニティのイベントに現れた怪物・ナケワメーケからミユキを助けようとして、キュアピーチに変身する力を得る。決め技の「プリキュア・ラブサンシャイン」は、ハートの形にした手からピンクのエネルギーを放つ技。変身時の決めゼリフは「ピンクのハートは愛あるしるし！もぎたてフレッシュ、キュアピーチ！」。

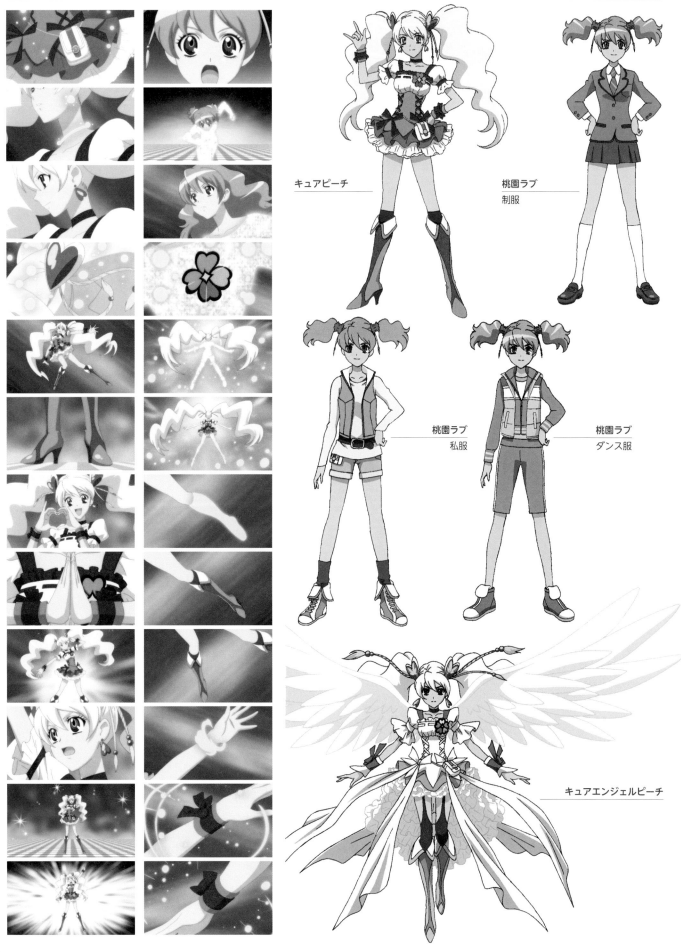

変身シーン

キャラクタービジュアル

キュアピーチ

桃園ラブ
制服

桃園ラブ
私服

桃園ラブ
ダンス服

キュアエンジェルピーチ

フレッシュプリキュア！
キュアベリー／蒼乃美希
[CV 喜多村英梨]

CURE BERRY / AONO MIKI

私立鳥越学園中等部の2年生。かつてアイドルとして活躍していたという母譲りの美形で、夢はファッションモデルになること。また、どんなスポーツもお手のもので、シェイプアップを目的に、ラブに誘われたダンスユニットに参加。普段は離れて暮らしている弟の和希をナケワメーケから助けたい一心で、キュアベリーへと変身する。決め技の「プリキュア・エスポワールシャワー」は、スペードの形にした手から青いエネルギーを放つ技。変身時の決めゼリフは「ブルーのハートは希望のしるし！つみたてフレッシュ、キュアベリー！」。

蒼乃美希
制服

キュアベリー

蒼乃美希
私服

蒼乃美希
ダンス服

キュアエンジェルベリー

フレッシュプリキュア！

キュアパイン／山吹祈里
[CV 中川亜紀子]

CURE PINE / YAMABUKI INORI

私立白詰草女子学院中等部の2年生。なにより動物が大好き（ただし、フェレットだけは苦手）で、夢は実家の動物病院を継ぎ、立派な獣医になること。自分になかなか自信が持てず、ラブからダンスユニットに誘われた際も一度は断ったほど消極的、かつおっとりした性格。しかし、そんな自分を変えたいと、ユニットへの参加を決意する。得意の裁縫でメンバー全員分の衣装を用意するなど、家庭的な一面も持っている。決め技の「プリキュア・ヒーリングプレアー」は、ダイヤの形にした手から黄色いエネルギーを放つ技。変身時の決めゼリフは「イエローハートは祈りのしるし！とれたてフレッシュ、キュアパイン！」。

山吹祈里
制服

キュアパイン

山吹祈里
私服

山吹祈里
ダンス服

キュアエンジェルパイン

フレッシュプリキュア！

キュアパッション／東せつな
[CV 小松由佳]

CURE PASSION / HIGASHI SETSUNA

すべてのパラレルワールドを統一することを目指し、暗躍するラビリンス。その幹部のひとりとして、たびたびプリキュアたちの前に立ちはだかったイースが、人間へと変身した姿。もともとはラブの変身アイテムを奪おうと彼女に近づくものの、ラブと同じ時間を過ごすうちに、その内面に変化が……。その後、寿命を迎えて倒れたイースは、妖精・アカルンに導かれて、キュアパッションとして生まれ変わることになる。転生後は、四つ葉中学校に入学してラブのクラスメイトに。変身時の決めゼリフは「真っ赤なハートは幸せの証！熟れたてフレッシュ、キュアパッション！」。

変身シーン

キャラクタービジュアル

東せつな
私服

イース

キュアパッション

東せつな
ダンス服

キュアエンジェルパッション

ハートキャッチプリキュア！
キュアブロッサム／花咲つぼみ
[CV 水樹奈々]

CURE BLOSSOM / HANASAKI TSUBOMI

私立明堂学園中等部に転校してきた2年生。どんな相手にも敬語で話す、礼儀正しい女の子。引っ込み思案で、転校をきっかけにそんな自分を変えたいと思っていた。実家は花屋「HANASAKIフラワーSHOP」を営んでおり、両親と植物園の園長を務めている祖母との4人暮らし。つぼみ自身も植物が好きで、もともとは園芸部に在籍していたが、えりかに誘われたことからファッション部に入部。そんなえりかがデザトリアンにされてしまい、彼女を救おうとプリキュアに変身する。決め技は「プリキュア・ピンクフォルテウェイブ」。変身時の決めゼリフは「大地に咲く一輪の花、キュアブロッサム！」。

花咲つぼみ
制服

花咲つぼみ
私服

花咲つぼみ
ファッションショーの服

キュアブロッサム

スーパープリキュア キュアブロッサム

ハートキャッチプリキュア！

キュアマリン／来海えりか
[cv 水沢史絵]

CURE MARINE / KURUMI ERIKA

私立明堂学園中等部の2年生。明るくポジティブな行動派で、ときには大人しいつぼみ
を振り回してしまうことも。母は元カリスマモデルでファッションショップ「フェア
リードロップ」のオーナー兼デザイナー、父はプロのカメラマンという、オシャレな家
庭で育つ。デザトリアンの攻撃に苦戦するブロッサムを助けるため、キュアマリンに
変身。決め技は、水色の花の形をしたエネルギーを放つ「プリキュア・ブルーフォルテ
ウェイブ」。変身時の決めゼリフは「海風に揺れる一輪の花、キュアマリン！」。

来海えりか
私服

来海えりか
制服

来海えりか
ファッションショーの服

キュアマリン

スーパープリキュア キュアマリン

つぼみやえりかと同じく、私立明堂学園の中等部に通う2年生。病弱な兄・さつきの代わりに、実家の明堂院流古武道の跡継ぎを目指している。学校では男装をしているが、実は可愛いものが大好き。デザトリアン化したさつきとの戦いで傷つき倒れたつぼみたちを守りたいと願い、キュアサンシャインへと変身。変身後は、一人称が「私」に変わるなど、女の子らしい一面を見せる。決め技「プリキュア・ゴールドフォルテバースト」は、シャイニータンバリンからエネルギー弾を放つ技。変身時の決めゼリフは「陽の光浴びる一輪の花、キュアサンシャイン！」。

ハートキャッチプリキュア！

キュアサンシャイン／明堂院いつき

[CV 桑島法子]

CURE SUNSHINE / MYOUDOUIN ITSUKI

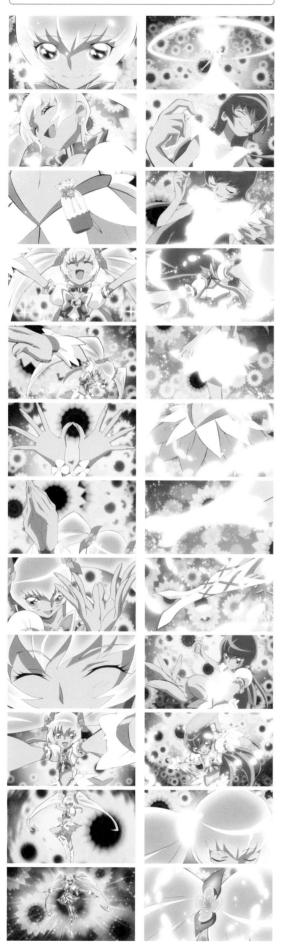

明堂院いつき
制服

明堂院いつき
私服

明堂院いつき
ファッションショーの服

キュアサンシャイン

スーパープリキュア キュアサンシャイン

私立明堂学園の高等部に通う2年生。成績は優秀で、常に学年トップという優等生。容姿端麗で、一見とっつきの悪そうな印象だが、それもそのはず。かつてダークプリキュアに負けた彼女は、パートナーである妖精コロンとともに、プリキュアに変身する力を失っていた。しかし、そんなゆりも、つぼみたちとの交流を経て、その心に変化が。決め技「プリキュア・シルバーフォルテウェイブ」は、ムーンタクトから放つエネルギー弾を敵にぶつける技。変身時の決めゼリフは「月光に冴える一輪の花、キュアムーンライト!」。

ハートキャッチプリキュア!

キュアムーンライト／月影ゆり
[CV 久川 綾]

CURE MOONLIGHT / TSUKIKAGE YURI

月影ゆり
制服

月影ゆり
私服

月影ゆり
ファッションショーの服

キュアムーンライト

スーパープリキュア キュアムーンライト

私立アリア学園中学校の2年生。明るく元気でス
ポーツ好き、さらには曲がったことが許せない強
い正義感の持ち主。甘いモノに目がなく、中でも
幼なじみである奏の父が作るケーキがお気に入
りだ。父は音楽教師で、母は有名なヴァイオリニ
ストという音楽一家。奏との思い出のレコードが
怪物・ネガトーンにされてしまったことがきっか
けとなり、キュアメロディに変身する。専用武器
のミラクルベルティエから、決め技「プリキュア・
ミュージックロンド」を放つ。変身時の決めゼリ
フは「爪弾くは荒ぶる調べ！ キュアメロディ！」。

スイートプリキュア♪
キュアメロディ／北条 響
［cv 小清水亜美］

CURE MELODY / HOJO HIBIKI

北条 響
制服

北条 響
私服

北条 響
浴衣

キュアメロディ

クレッシェンドメロディ

スイートプリキュア♪

キュアリズム／南野 奏
[CV 折笠富美子]

CURE RHYTHM / MINAMINO KANADE

幼なじみの響と同じく、私立アリア学園中学に通う2年生。普段はおしとやかな彼女だが、納得がいかないことは絶対に譲らないという頑固な一面も持つ。カップケーキショップ「Lucky Spoon」を経営する父の影響からか、お菓子作りが得意で、学校ではスイーツ部に所属。将来はパティシエになって、父の店を継ぎたいと考えている。響とともにプリキュアへと変身する力を身につけ、専用武器・ファンタスティックベルティエを使って、決め技「プリキュア・ミュージックロンド」を放つ。変身時の決めゼリフは「爪弾くはたおやかな調べ！ キュアリズム！」。

南野 奏
私服

南野 奏
私服（夏）

南野 奏
浴衣

キュアリズム

クレッシェンドリズム

スイートプリキュア♪
キュアビート／黒川エレン
［CV 豊口めぐみ］

CURE BEAT / KUROKAWA EREN

もともとはメイジャーランドの歌姫・セイレーンで、妖精のハミィとは幼い頃から大の仲良し。だが、ハミィが「幸福のメロディ」の歌唱役に選ばれたことから嫉妬心を抱き、その心の隙を突かれて、マイナーランドへと引き込まれてしまう。その後は、ノイズの部下としてプリキュアたちの前にたびたび立ちはだかるも、ハミィの本心を知って転向。プリキュアとしてともに戦うようになってからは、響たちと同じ私立アリア学園中学に通う。決め技は、ソウルロッドを使った「プリキュア・ハートフルビートロック」。変身時の決めゼリフは「爪弾くは魂の調べ！ キュアビート！」。

変身シーン

キャラクタービジュアル

黒川エレン
私服

キュアビート

セイレーン

黒川エレン
浴衣

クレッシェンドビート

市立加音小学校に通う3年生。父はメフィスト、母はアフロディテというメイジャーランドのお姫様。『スイートプリキュア♪』の4人の中では一番年下だが、しっかりとした性格は、そんな彼女の生まれも影響しているのだろう。父が悪の心に染まってしまったために、祖父・音吉のもとで暮らすことに。キュアミューズとしての力に目覚めるものの、母を心配させまいと、しばらくの間は素性を隠し、黒プリキュアの格好で行動していた。決め技の「プリキュア・スパークリングシャワー」は、音符の形をした泡を繰り出す技。変身時の決めゼリフは「爪弾くは女神の調べ！キュアミューズ！」。

スイートプリキュア♪
キュアミューズ／調辺アコ
［CV 大久保瑠美］

CURE MUSE / SHIRABE AKO

変身シーン | キャラクタービジュアル

調辺アコ
私服

黒プリキュア

キュアミューズ

調辺アコ
ハロウィンの衣装

クレッシェンドミューズ

スマイルプリキュア！

キュアハッピー／星空みゆき
［CV 福圓美里］

CURE HAPPY / HOSHIZORA MIYUKI

七色ヶ丘中学校に転校してきた2年生。父と母の3人暮らしで、絵本やおとぎ話が大好きだが、勉強は苦手。しかし、何度失敗しても決して落ち込まない前向きな性格で、みんなを笑顔にすることが大好き。学校へ向かう途中で、絵本の国からやって来た妖精・キャンディと遭遇した彼女は、たくさんの本が並ぶ不思議な世界へ。そこでウルフルンに襲われるキャンディを発見したみゆきは、キュアハッピーに変身する力を得る。決め技の「プリキュア・ハッピーシャワー」は、ハートの形にした手から光のビームを放つ技。変身時の決めゼリフは「キラキラ輝く未来の光！キュアハッピー！」。

星空みゆき
制服

星空みゆき
私服

キュアハッピー

プリンセスハッピー

ウルトラハッピー

スマイルプリキュア！

キュアサニー／日野あかね

[CV 田野アサミ]

CURE SUNNY / HINO AKANE

七色ヶ丘中学校の2年生。友達思いな熱いハートの持ち主で、転校したばかり
のみゆきに声をかけたことがきっかけで、ふたりは友達に。関西弁を話してい
ることからもわかる通り、大阪出身で人を笑わせることが大好き。実家はお好
み焼き屋を営んでいる。また、運動神経もよく、学校ではバレー部に所属。み
ゆきが練習につきあってくれたことから、ふたりの仲は深まることに。キュア
ハッピーが戦っているのを見て、その正体がみゆきだと気づいたことから、彼
女もキュアサニーに変身する。決め技は「プリキュア・サニーファイヤー」。変
身時の決めゼリフは「太陽サンサン熱血パワー！ キュアサニー！」。

日野あかね
制服

日野あかね
私服

キュアサニー

プリンセスサニー

ウルトラサニー

スマイルプリキュア！

キュアピース／黄瀬やよい

［CV 金元寿子］

CURE PEACE / KISE YAYOI

どことなく幼い印象を与える、七色ヶ丘中学校に通う小柄な2年生。引っ込み思案で泣き虫だが、その一方で芯は強く、誰よりも思いやりのある優しい心の持ち主。絵やマンガを描くのが得意で、ヒーローやヒロインに憧れているが、あまり他人に見られるのは好きではない様子。アカンベェと戦う、みゆきやあかねの姿を見て、ふたりを助けようとキュアピースに変身。決め技は、ピースサインに集めた雷を、相手に向かって放つ「プリキュア・ピースサンダー」。変身時の決めゼリフは「ピカピカぴかりんじゃんけんポン♪ キュアピース！」。

変身シーン

キャラクタービジュアル

黄瀬やよい
制服

黄瀬やよい
私服

キュアピース

プリンセスピース

ウルトラピース

スマイルプリキュア！

キュアマーチ／緑川なお

［CV 井上麻里奈］

CURE MARCH / MIDORIKAWA NAO

七色ヶ丘中学校の2年生。女子サッカー部に所属し、1年生のときから
レギュラー入りするなど、スポーツが得意で男勝り。しかも正義感が強
く、曲がったことが大嫌いという性格の持ち主でもある。7人姉弟の長
女という家庭環境で育ったせいか、面倒見がよく、周囲から頼りにされ
ることもしばしば。ただし、お化けや虫が大の苦手という、意外な一面
も持っている。決め技は、風の力をサッカーボールに見立てて、強烈な
シュートで敵に向かって蹴り込む「プリキュア・マーチシュート」。変身
時の決めゼリフは「勇気リンリン直球勝負！ キュアマーチ！」。

緑川なお
制服

緑川なお
私服

キュアマーチ

プリンセスマーチ

ウルトラマーチ

スマイルプリキュア！

キュアビューティ／青木れいか
[cv 西村ちなみ]

CURE BEAUTY / AOKI REIKA

七色ヶ丘中学校で、生徒会の副会長を務める2年生。祖父は書道家、父は画家、母は合気道の達人という一家に育ち、責任感の強さは人一倍。また、学年トップの成績を収め、弓道部に所属している。どんなときも冷静沈着かつクール。しかし、育った環境ゆえか、世間知らずなところもあるようだ。生徒会主催の読み聞かせ会に現れたマジョリーナと対峙し、キュアビューティに変身する。決め技の「プリキュア・ビューティブリザード」は、氷のエネルギーを放つ技。変身時の決めゼリフは「しんしんと降り積もる清き心！ キュアビューティ！」。

青木れいか
制服

青木れいか
私服

キュアビューティ

プリンセスビューティ

ウルトラビューティ

ドキドキ！プリキュア

キュアハート／相田マナ
［CV 生天目仁美］

CURE HEART / AIDA MANA

大貝第一中学校の生徒会長を務める、学業優秀な女の子。勉強だけではなく運動も得意で、まわりの生徒たちから一目置かれる存在だ。ただし、問題が起きると、頭で考えるよりも先に身体が動いてしまう……という一面も。ジコチューを相手に苦戦しているキュアソードを見て、彼女を助けたいと願ったことがきっかけとなり、トランプ王国の妖精シャルルの力を借りて、キュアハートに変身。ハートの光線を出す決め技「マイ・スイートハート」などを使う。変身時の決めゼリフは「みなぎる愛！ キュアハート！」。

相田マナ
私服

キュアハート

相田マナ
私服 (冬)

相田マナ
浴衣

ドキドキ！プリキュア

キュアダイヤモンド／菱川六花
［CV 寿 美菜子］

CURE DIAMOND / HISHIKAWA RIKKA

大貝第一中学校に通う14歳。勉強が好きで成績はトップクラス。生徒会では書記を務める。生徒会長のマナとは幼なじみだが、アクティブなマナとは反対に慎重な性格で、当初はプリキュアになることを拒んでいた。だが、父親への手紙を守ってくれたマナを助けるため、妖精ラケルの導きでキュアダイヤモンドに変身。氷や雪を発生させ、敵の動きを凍らせて止める決め技「トゥインクルダイヤモンド」など、仲間をしっかりと後ろからフォローしてくれる頼れる女の子だ。変身時の決めゼリフは「英知の光！キュアダイヤモンド！」

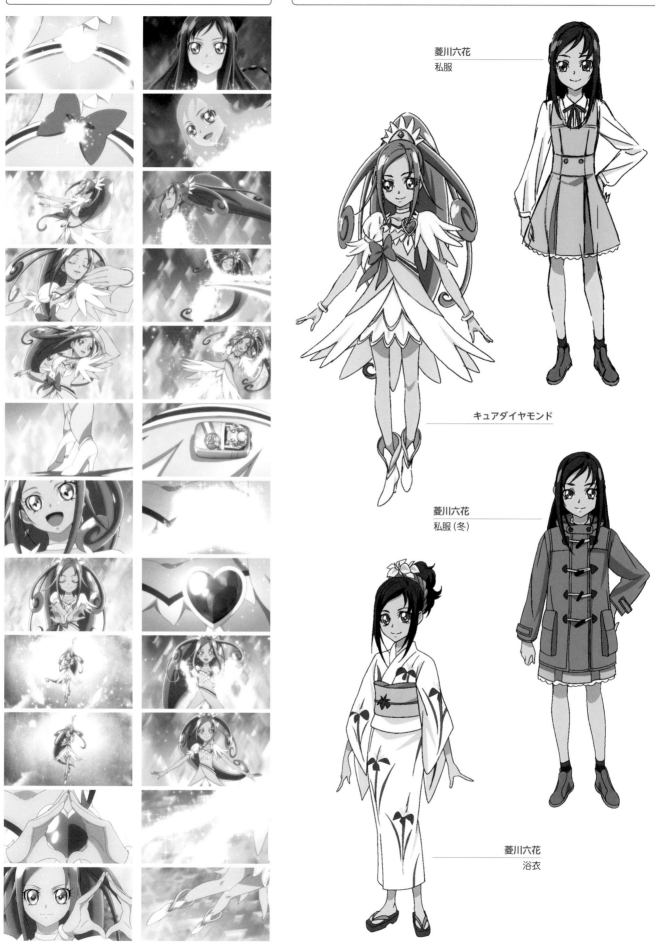

変身シーン

キャラクタービジュアル

菱川六花
私服

キュアダイヤモンド

菱川六花
私服 (冬)

菱川六花
浴衣

ドキドキ！プリキュア

キュアロゼッタ／四葉ありす
[CV 渕上 舞]

CURE ROSETTA / YOTSUBA ALICE

私立・七ツ橋学園に通う14歳。四葉財閥のお嬢様で、庶民の感覚とは少しずれたところがあり、周囲から突っ込まれることもしばしば。また、マナとは同じ小学校に通っていて、その頃からの友達でもある。優しくおっとりした性格だが、大切な人を守りたいという気持ちは人一倍強い。また、財閥ならではの情報収集力を使い、キュアソードの正体が真琴であることを突き止める。決め技の「ロゼッタウォール」は、自分たちの前にバリアを張って、敵の攻撃から身を守るというもの。変身時の決めゼリフは「ひだまりポカポカ！ キュアロゼッタ！」。

四葉ありす
私服

キュアロゼッタ

四葉ありす
私服 (冬)

四葉ありす
浴衣

ドキドキ！プリキュア
キュアソード／剣崎真琴
［CV 宮本佳那子］

CURE SWORD / KENZAKI MAKOTO

男女問わず、絶大な人気を誇る国民的スーパーアイドル。その正体はトランプ王国出身のプリキュアで、王女のマリー・アンジュに仕えていた歌姫。ジコチューの侵略からトランプ王国を守りきることができず、一緒に逃げてきた王女ともはぐれ、ひとりで戦っていた。そんな中で出会ったマナたちと交流を重ねるうちに、次第に心を開くことに。その後、マナたちと同じ大貝第一中学校に編入することになる。決め技は剣の形をしたエネルギー弾を放つ「ホーリーソード」。変身時の決めゼリフは「勇気の刃！ キュアソード！」。

変身シーン

キャラクタービジュアル

剣崎真琴
私服

キュアソード

剣崎真琴
私服 (冬)

剣崎真琴
浴衣

067

大人びた性格の小学4年生で、『ドキドキ！プリ
キュア』のメインキャラクターの中では最年
少。その正体はトランプ王国の王女、マリー・
アンジュの「プシュケー」の片割れ。マナたち
に「プリキュア5つの誓い」を教えるなど、他の
プリキュアたちを導く役割も担っている。決め
技は、口紅型の武器・ラブキッスルージュを使
った「エースショット」。「ときめきなさい！エ
ースショット！ばきゅーん！」とキュアエース
らしい、かけ声が特徴。変身時の決めゼリフは
「愛の切り札！キュアエース！」。

ドキドキ！プリキュア

キュアエース／円 亜久里

[CV 釘宮理恵]

CURE ACE / MADOKA AGURI

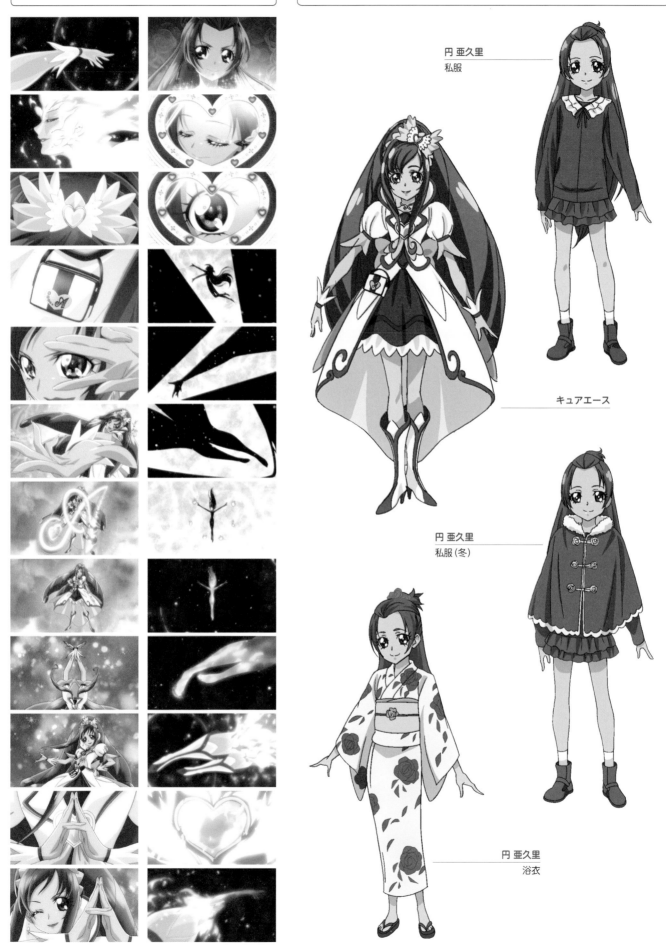

変身シーン

キャラクタービジュアル

円 亜久里
私服

キュアエース

円 亜久里
私服（冬）

円 亜久里
浴衣

ハピネスチャージプリキュア！

キュアラブリー／愛乃めぐみ

[CV 中島 愛]

CURE LOVELY / AINO MEGUMI

ぴかりが丘学園に通う14歳の女子中学生。元気で明るく、誰とでも気さくに話せる性格で、困っている人を放っておけない、おせっかい焼きな女の子。ただし、助けようとして逆に失敗してしまうことも……。また、ファッションに興味がある一方で、センスはいまいちなのが玉にキズ。サイアークに苦戦する白雪ひめを助けたいと願ったことがきっかけとなり、プリキュアに変身する。戦闘中に、チェリーフラメンコやロリポップヒップホップといった別スタイルにフォームチェンジが可能。変身時の決めゼリフは「世界に広がるビッグな愛！ キュアラブリー！」。

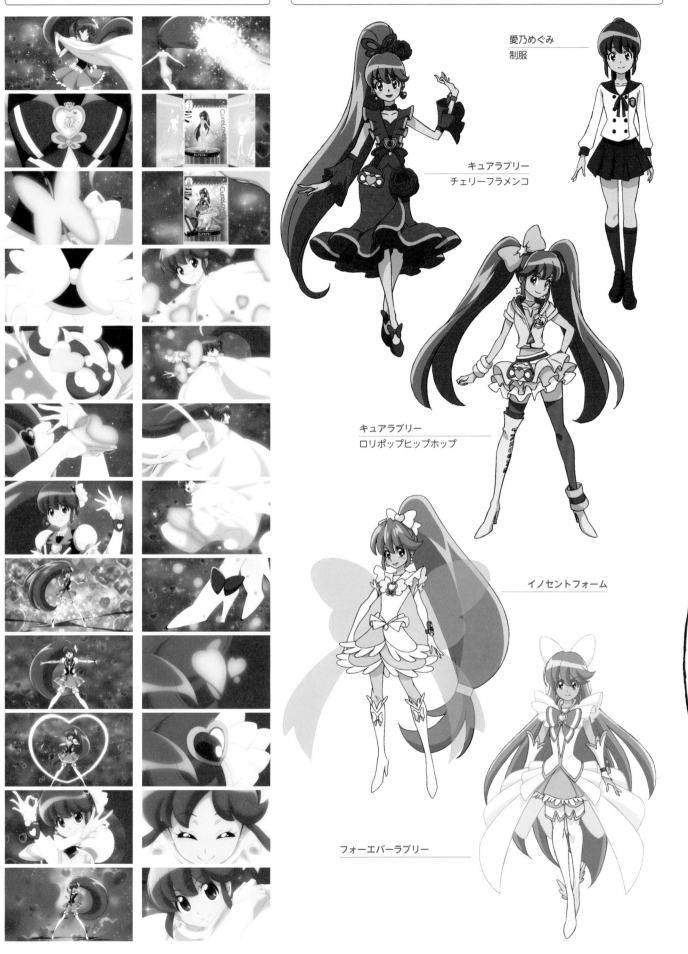

変身シーン

キャラクタービジュアル

愛乃めぐみ
制服

キュアラブリー
チェリーフラメンコ

キュアラブリー
ロリポップヒップホップ

イノセントフォーム

フォーエバーラブリー

ハピネスチャージプリキュア!

キュアプリンセス／白雪ひめ
［cv 潘 めぐみ］

CURE PRINCESS / SHIRAYUKI HIME

ブルースカイ王国の王女にして、次期女王。幻影帝国からブルースカイ王国を守るためにキュアプリンセスに変身し、一緒に戦ってくれる仲間を探すことになる。ただし、性格はかなりの人見知り＆怖がり。その性格が災いして友達ができなかったが、めぐみに助けてもらったことがきっかけとなり、初めての友達に。おしゃれが大好きで、めぐみには「師匠」と呼ばれるほどファッションセンスが良い。戦闘時には、シャーベットバレエやマカダミアフラダンスといった別スタイルにフォームチェンジが可能。変身時の決めゼリフは「天空に舞う蒼き風！キュアプリンセス！」。

白雪ひめ
制服

白雪ひめ
私服

キュアプリンセス
シャーベットバレエ

キュアプリンセス
マカダミアフラダンス

イノセントフォーム

ぴかりが丘学園に通う、めぐみのクラスメイト。両親が経営する弁当屋「おおもりご飯」を手伝っている、笑顔が印象的な女子中学生だ。ご飯を食べることはもちろん、料理も大好きで、食事へのこだわりは人一倍。「平和な世界じゃないとおいしいごはんが食べられない」という気持ちと、ごはんを食べる人たちの笑顔を守るため、プリキュアに変身する。変身時の決めゼリフは「大地に実る命の光！キュアハニー！」。戦っている最中に、ココナッツサンバやポップコーンチアといった別スタイルにフォームチェンジすることが可能。

ハピネスチャージプリキュア！
キュアハニー／大森ゆうこ
［CV 北川里奈］

CURE HONEY / OMORI YUKO

変身シーン

キャラクタービジュアル

大森ゆうこ
制服

大森ゆうこ
私服

キュアハニー
ココナッツサンバ

キュアハニー
ポップコーンチア

イノセントフォーム

ハピネスチャージプリキュア！

キュアフォーチュン／氷川いおな

[cv 戸松 遥]

CURE FORTUNE / HIKAWA IONA

めぐみたちと同じ、ぴかりが丘学園に通う女子中学生。勉強は学年でトップ、スポーツも万能という文武両道の女の子で、実家は空手道場を経営。そのせいか、弱きを助け強きを挫く、正義感あふれる性格の持ち主。ひとりでサイアークを倒せるほどの実力を持ち、当初は、正体不明の孤高のプリキュアとして登場。キュアプリンセスを敵視していたが、和解したあとはプリキュアの仲間として一緒に戦うことになる。戦っている最中に、あんみつこまちやパインアラビアンといった別スタイルにフォームチェンジすることが可能。変身時の決めゼリフは「夜空にきらめく希望の星！キュアフォーチュン！」。

氷川いおな
私服

氷川いおな
制服

キュアフォーチュン
あんみつこまち

キュアフォーチュン
パインアラビアン

キュアフォーチュン
イノセントフォーム

ノーブル学園に通う、花のように明るい笑顔が
チャーミングな中学1年生。子供の頃に読んでい
た絵本「花のプリンセス」に出てきたプリンセス
に憧れ、彼女のようなプリンセスになりたいと夢
見る。また、夢をかなえるためにはどんな苦労も
惜しまず、途中で決して諦めない努力家の一面
も。クローズにとらわれ、ゼツボーグにされたクラ
スメイトの七瀬ゆいを救うためにプリキュアに
変身。決め技は花びらを放つ「プリキュア・フロー
ラル・トルビヨン」。変身時の決めゼリフは「咲き
ほこる花のプリンセス！ キュアフローラ！」。

Go!プリンセスプリキュア
キュアフローラ／春野はるか
［CV 嶋村 侑］
CURE FLORA / HARUNO HARUKA

春野はるか
制服

春野はるか
私服

キュアフローラ

モードエレガント

グランプリンセス

ノーブル学園に通う中学2年生。容姿端麗で責任感の強さゆえに、キツイ性格だと思われることもあるが、本当は思いやりにあふれ、優しい心を持つ女の子。大企業の社長令嬢で、勉強はもちろん、バレエなどを嗜んでおり、そのことから「学園のプリンセス」とも呼ばれている。はるかがケガでピンチに陥った際、「学園のみんなを守りたい」という思いからプリキュアに変身。決め技の「プリキュア・マーメイド・リップル」は、あふれる水流で敵を封じ込める技。変身時の決めゼリフは「澄みわたる海のプリンセス！ キュアマーメイド！」。

Go!プリンセスプリキュア
キュアマーメイド／海藤みなみ
［CV 浅野真澄］

CURE MERMAID / KAIDO MINAMI

海藤みなみ
制服

海藤みなみ
私服

キュアマーメイド

モードエレガント

グランプリンセス

ノーブル学園に通う中学1年生。雑誌の撮影やファッションショーへの出演など、人気モデルとしても活躍している。夢は、スーパーモデルでもある母・ステラのような「トップモデルになる」こと。性格はマイペースで自由奔放。ゼツボーグにファッションショーを邪魔されたことから、プリンセスパフュームを使ってプリキュアに変身する。決め技の「プリキュア・トゥインクル・ハミング」は、光の束をブーメランのように投げ、大きな星で敵を包み込む技。変身時の決めゼリフは「きらめく星のプリンセス！ キュアトゥインクル！」。

Go!プリンセスプリキュア
キュアトゥインクル／天ノ川きらら
[cv 山村 響]

CURE TWINKLE / AMANOGAWA KIRARA

天ノ川きらら
制服

天ノ川きらら
私服

キュアトゥインクル

モードエレガント

グランプリンセス

Go!プリンセスプリキュア

キュアスカーレット／紅城トワ
［cv 沢城みゆき］

CURE SCARLET / AKAGI TOWA

ホープキングダムの王子・カナタ王子の妹に
あたる正真正銘のプリンセスで、本名は「プリ
ンセス・ホープ・デイライト・トワ」。幼い頃、
ディスピアに連れ去られて「トワイライト」と
いう名を与えられ、ディスダークの一員とし
て暗躍。はるかたちの力で本来の姿に戻って
からは、グランプリンセスを目指し、故郷と兄
を救うことを目標に掲げる。また、ノーブル学
園に入園後は、きららとルームメイトに。プリ
ンセスゆえの世間知らずな一面もまたチャー
ミングだ。決め技の「プリキュア・フェニック
ス・ブレイズ」は、巨大な炎で敵を包み込む技。
変身時の決めゼリフは「深紅の炎のプリンセ
ス！ キュアスカーレット！」。

変身シーン

キャラクタービジュアル

紅城トワ
私服

トワイライト

キュアスカーレット

モードエレガント

グランプリンセス

魔法つかいプリキュア！

キュアミラクル／朝日奈みらい

[CV 高橋李依]

CURE MIRACLE / ASAHINA MIRAI

津成木（つなぎ）第一中学校に通う、もうすぐ中学2年生になる13歳。好奇心旺盛で、不思議なことや面白いことには目がない、元気いっぱいな性格。春休みのある日、魔法のほうきに乗った十六夜リコと出会い、ヨクバールに襲われたことからプリキュアに変身。この出来事がきっかけとなり、リコとともに魔法学校へ通うことになる。決め技はキュアマジカルとふたりで放つ「プリキュア・ダイヤモンド・エターナル」など。ダイヤスタイル（右上）の他、ルビー、サファイア、トパーズの4つのスタイルを使い分けて戦う。変身時の決めゼリフは「ふたりの奇跡！ キュアミラクル！」。

変身シーン

キャラクタービジュアル

朝日奈みらい
私服

キュアミラクル
サファイアスタイル

キュアミラクル
トパーズスタイル

キュアミラクル
ルビースタイル

アレキサンドライトスタイル

魔法つかいプリキュア！

キュアマジカル／十六夜リコ

［cv 堀江由衣］

CURE MAGICAL / IZAYOI LIKO

魔法学校に通う魔法つかいの女の子で、みらいと同じ13歳。勉強は得意で「立派な魔法使いになりたい」という目標を持っているものの、肝心な魔法は苦手な様子。強い力を秘めた「リンクルストーン・エメラルド」を探すため、ナシマホウ界（人間界）にやって来たところで、みらいと出会う。みらいと一緒に魔法学校に通ったあとはナシマホウ界を訪れて、津成木第一中学校に留学生として在籍。ダイヤスタイル（右上）の他、ルビー、サファイア、トパーズの4つのスタイルを使い分け、キュアミラクルとともにヨクバールたちと戦う。変身時の決めゼリフは「ふたりの魔法！ キュアマジカル！」。

キュアマジカル
サファイアスタイル

十六夜リコ
私服

キュアマジカル
トパーズスタイル

キュアマジカル
ルビースタイル

アレキサンドライトスタイル

「リンクルスマホン」から生まれた妖精の女の
子の赤ちゃん。その口癖から「はーちゃん」と名
付けられ、みらいとリコ、そしてモフルンに育て
られて大きくなった。みらいとリコがピンチに
陥ったとき、「リンクルスマホン」と「リンクルス
トーン・エメラルド」でプリキュアに変身。それ
まで、みらいたちにお世話をされたこともあり、
性格や口癖などは、みらいやリコから受け継が
れている。決め技の「プリキュア・エメラルド・
リンカネーション」は、相手を花で包み込む技。
変身時の決めゼリフは「あまねく生命（いのち）
に祝福を！ キュアフェリーチェ！」。

魔法つかいプリキュア！

キュアフェリーチェ／花海ことは

[CV 早見沙織]

CURE FELICE / HANAMI KOTOHA

花海ことは
私服

キュアフェリーチェ

はーちゃん
1才、6才、13才

アレキサンドライトスタイル

キラキラ☆プリキュアアラモード

キュアホイップ／宇佐美いちか
[cv 美山加恋]

CURE WHIP / USAMI ICHIKA

いちご坂中学校に通う中学2年生。スイーツに目がなく、みんなでなんでも一緒に楽しもうとする彼女の性格は、明るくお調子者。医師である母・さとみが世界中を飛び回っているため、父の源一郎とふたり暮らしをしている。母から「笑顔を忘れないように」と教えられているため、ぐっと涙をこらえようとする健気な一面も。そんな母親のために作ったケーキをガミーから守ろうと、プリキュアに変身する。決め技の「ホイップ・デコレーション」は、イチゴが入った大きなホイップクリームのエネルギー弾を相手に向けて放つ。変身時の決めゼリフは「元気と、笑顔を！レッツ・ラ・まぜまぜ！キュアホイップ！できあがり！」。

Q1 本書をどこで知りましたか？

① 書店で見かけて

② Web 記事

③ X (ツイッター)

④ その他（　　　　　　　　　　　　）

番号をお書きください

Q2 今後、読んでみたいプリキュアの記事を教えてください。

Q3 ご意見、ご感想などご自由にお書きください。

郵 便 は が き

〒160-0022

東京都新宿区新宿 3-1-13
京王新宿追分ビル5階

株式会社 一迅社

Febri編集部

プリキュア20周年
キャラクターブック

愛読者アンケート係 行

ご住所 〒		都道府県	
お名前 ふりがな		性別	年齢
		男 ・ 女	歳
電話番号		ご職業	
購入店名		ご希望の賞品番号 P.199より、 ひとつ選択してください。	

応募締切：2024年1月末日（当日消印有効）

※いただいたハガキはこの懸賞の抽選並びに編集企画の参考のみに使用させていただきます。
※発表は賞品の発送をもってかえさせていただきます。

キュアホイップ

宇佐美いちか
制服

宇佐美いちか
私服

宇佐美いちか
パティシエ服

アラモードスタイル

キュアカスタード／有栖川ひまり
[cv 福原 遥]

CURE CUSTARD / ARISUGAWA HIMARI

いちご坂中学校に通う、努力家で頭脳明晰な中学2年生。心優しく引っ込み思案な性格で人見知りだが、スイーツに関する知識が豊富で、大好きなスイーツのことを話し始めると止まらなくなってしまうことも。共通の趣味であるスイーツを介して、いちかたちと仲良しになり、またキュアカスタードとして一緒に戦うことになる。決め技の「カスタード・イリュージョン」は単に相手を攻撃するだけではなく、敵の技を打ち消すこともできる。変身時の決めゼリフは「知性と、勇気を！レッツ・ラ・まぜまぜ！キュアカスタード！できあがり！」。

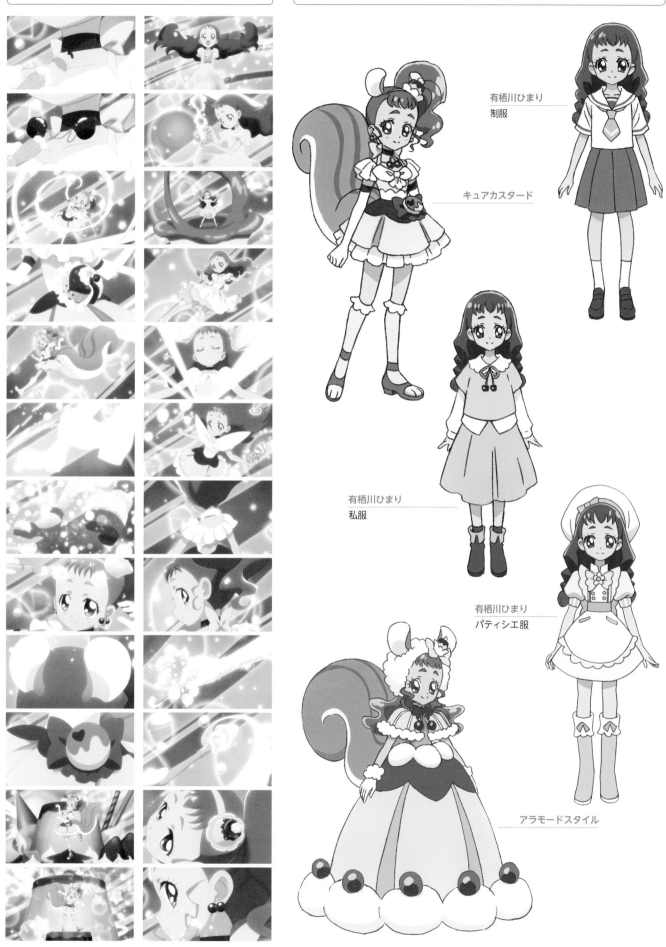

変身シーン

キャラクタービジュアル

有栖川ひまり
制服

キュアカスタード

有栖川ひまり
私服

有栖川ひまり
パティシエ服

アラモードスタイル

キラキラ☆プリキュアアラモード

キュアジェラート／立神あおい
[CV 村中 知]

CURE GELATO / TATEGAMI AOI

いちかたちと同じく、いちご坂中学校に通う中学2年生。情熱的で気が強く自由奔放で、言いたいことは言うまっすぐな性格の持ち主。父親が大企業で会長を務めていることもあり、家ではドレスを着用。その一方で歌うことが大好きで、「ワイルドアジュール」というロックバンドのボーカルを担当している。いちかとひまりからもらった「らいおんアイス」をホットーに狙われたことがきっかけとなり、キュアジェラートに変身。決め技の「ジェラート・シェイク」は、出現した大きな氷をパンチで砕いて、相手に向かって放つ。変身時の決めゼリフは「自由と、情熱を！レッツ・ラ・まぜまぜ！キュアジェラート！できあがり！」。

立神あおい
制服

キュアジェラート

立神あおい
私服

立神あおい
パティシエ服

アラモードスタイル

キラキラ☆プリキュアアラモード

キュアマカロン／琴爪ゆかり
[cv 藤田 咲]

CURE MACARON / KOTOZUME YUKARI

いちご野高校に通う高校2年生。街で噂になるほど美しく気高い性格で、物腰は上品かつ気まぐれ。さらに少しナルシストな一面も持っている。その一方で寂しがり屋なところもあり、マカロン作りに誘われたことから、いちかと知り合いに。そのマカロンを狙って現れたマキャロンヌと戦うため、キュアマカロンに変身する。決め技の「マカロン・ジュリエンヌ」は、マカロンの形をしたクリームエネルギーを飛ばし、さらに「にゃ～お」のかけ声で爪を出して相手を攻撃するという技。変身時の決めゼリフは「美しさと、トキメキを！レッツ・ラ・まぜまぜ！キュアマカロン！できあがり！」。

琴爪ゆかり
制服

キュアマカロン

琴爪ゆかり
私服

琴爪ゆかり
パティシエ服

アラモードスタイル

キラキラ☆プリキュアアラモード

キュアショコラ／剣城あきら
[CV 森 なな子]

CURE CHOCOLAT / KENJO AKIRA

ゆかりと同じく、いちご野高校に通うボーイッシュな高校2年生。見た目から男の子だと勘違いしたいちかがひと目惚れをしてしまったほどの美形だが、その内面もなかなかチャーミング。仲間思いで面倒見がよく、まわりから頼りにされることも多い。身体の弱い妹・みくのために買ったチョコレートをビタードに奪われた一件がきっかけとなり、キュアホイップの正体がいちかだと察知。彼女を助けるために、キュアショコラへと変身する。決め技の「ショコラ・アロマーゼ」は、チョコレートのようなクリームエネルギーで相手の攻撃を包む技。変身時の決めゼリフは「強さと、愛を！レッツ・ラ・まぜまぜ！キュアショコラ！できあがり！」。

剣城あきら
制服

キュアショコラ

剣城あきら
私服

剣城あきら
パティシエ服

アラモードスタイル

キラキラ☆プリキュアアラモード

キュアパルフェ／キラ星シエル
[CV 水瀬いのり]

CURE PARFAIT / KIRAHOSHI CIEL

フランスからやって来た「若き天才パティシエ」として知られる13歳。フランスではテレビで特集が組まれるほどの有名人だが、その正体はいちご山に住んでいた妖精のキラリンだった……。いちご坂にスイーツショップを開店するために来日中、いちかたちと知り合いに。『映画 キラキラ☆プリキュアアラモード パリッと！想い出のミルフィーユ』では、そんな彼女のパリでの修業時代が描かれた。決め技の「キラクル・レインボー」は、パフェの器に相手を封じ込める技。変身時の決めゼリフは「夢と、希望を！レッツ・ラ・まぜまぜ！キュアパルフェ！できあがり！」。

キラ星シエル
制服

キュアパルフェ

キラ星シエル
私服

キラリン

キラ星シエル
パティシエ服

アラモードスタイル

HUGっと！プリキュア

キュアエール／野乃はな

［cv 引坂理絵］

CURE YELL / NONO HANA

ラヴェニール学園に転校してきた中学2年生。「めっちゃイケてる」大人のお姉さんになることを目指し、どんなことにも全力でアタックする前向きな性格だが、その分、失敗することもたびたび。転校前日に自分で前髪をカットするも、切りすぎで後悔していた姿も印象的だ。空から突然降ってきた不思議な赤ちゃん、はぐたんを守りたいという強い気持ちによって、プリキュアに変身。決め技の「フレフレ！ハート・フォー・ユー！」は、ピンクのハート型のエネルギーを敵にぶつける技。変身時の決めゼリフは「輝く未来を抱きしめて!! みんなを応援！ 元気のプリキュア！ キュアエール！」。

野乃はな
制服

野乃はな
私服

野乃はな
浴衣

キュアエール

マザーハートスタイル

HUGっと！プリキュア

キュアアンジュ／薬師寺さあや
［CV 本泉莉奈］

CURE ANGE / YAKUSHIJI SAAYA

はなのクラスメイトで、学級委員長を務めるラヴェニール学園の中学2年生。その優しい性格から、学園内では「天使」と呼ばれている。母親の薬師寺れいらは有名な女優で、さあや自身も子供の頃はCMに出演するなど人気子役として活躍。しかし、自分がやりたいことがわからなくなり、人前で演技ができなくなったという過去を持つ。プリキュアとして戦うはなを助けたいという気持ちからキュアアンジュに変身。決め技の「フレフレ！ ハート・フェザー！」は、強力なバリアを作り出す技だ。変身時の決めゼリフは「輝く未来を抱きしめて!! みんなを癒す！ 知恵のプリキュア！ キュアアンジュ！」

薬師寺さあや
制服

薬師寺さあや
私服

薬師寺さあや
浴衣

キュアアンジュ

マザーハートスタイル

HUGっと！プリキュア

キュアエトワール／輝木ほまれ
[cv 小倉 唯]

CURE ETOILE / KAGAYAKI HOMARE

ラヴェニール学園に通う、はなのクラスメイト。ファッションセンスはもちろん、スタイルも抜群。クールな性格だが、その一方で可愛いものには目がないという意外な一面も。もともとフィギュアスケートのスター選手だったが、ジャンプの失敗がきっかけでスケートから遠ざかっていた。しかし、はなたちと出会ったことで、もう一度高く跳びたいと願うように。過去のトラウマに打ち勝ち、キュアエトワールへと変身する。決め技の「フレフレ！ハート・スター！」は、星のチェーンを出して相手の動きを止める技。変身時の決めゼリフは「輝く未来を抱きしめて‼ みんな輝け！ 力のプリキュア！ キュアエトワール！」。

輝木ほまれ
制服

輝木ほまれ
私服

輝木ほまれ
浴衣

キュアエトワール

マザーハートスタイル

HUGっと！プリキュア

キュアマシェリ／愛崎えみる

［cv 田村奈央］

CURE MACHERIE / AISAKI EMIRU

はなの妹・ことりのクラスメイトで、小学6年生。ヒーローに強い憧れを抱く彼女は、プリキュアになりたいと願う気持ちも人一倍。プリキュアの格好を真似て、「キュアえみ〜る」と名乗って人助けをしていた。また、絶対音感の持ち主で、特技は歌うこととギターの演奏。兄・正人にはギターへの想いを理解してもらえなかったが、そんなときに出会ったルールーに自分の想いを受け入れてもらい、強い絆で結ばれる。さらにお互いを想う気持ちが奇跡を呼び、ふたりはプリキュアへと変身。決め技の「フレフレ！ ハート・ソング！」は、アムールとともにハート型のエネルギーを敵に放つ技。変身時の決めゼリフは「輝く未来を抱きしめて‼ みんな大好き！ 愛のプリキュア！ キュアマシェリ！」。

54

変身シーン

キャラクタービジュアル

愛崎えみる
私服

キュアえみ～る

愛崎えみる
浴衣

キュアマシェリ

マザーハートスタイル

HUGっと!プリキュア

キュアアムール／ルールー・アムール
［cv 田村ゆかり］

CURE AMOUR / RURU AMOUR

クライアス社でアルバイトとして働いていたアンドロイド（型番
RUR-9500）。クライアス社からの命令でプリキュアを調査するた
めに野乃家に潜入したが、はなたちと接したことから感情が芽生
え、ついにはクライアス社を退職。さらには、えみるから音楽を教
わり、ふたりでデュエットしたことで、えみるとの絆が芽生えた。
えみるがキュアマシェリに変身した際、彼女もキュアアムールに
変身。決め技「フレフレ！ ハート・ダンス！」は、マシェリと一緒に
繰り出す強力な技だ。変身時の決めゼリフは「輝く未来を抱きしめ
て‼みんな大好き！ 愛のプリキュア！ キュアアムール！」。

RUR-9500
クライアス社

ルールー・アムール
私服

ルールー・アムール
浴衣

キュアアムール

マザーハートスタイル

スター☆トゥインクルプリキュア

キュアスター／星奈ひかる

[CV 成瀬瑛美]

CURE STAR / HOSHINA HIKARU

星座と宇宙が大好き！ 観星 (みほし) 中学校に通う、不思議な生き物や現象にも好奇心いっぱいな2年生。研究者の父からUMAに関する話を聞いたことをきっかけに宇宙人に興味を抱くように。関心のあることについては猪突猛進、自分の直感を信じてグイグイ突き進む。宇宙人の少女・ララやプルンスと出会ったときも、まったく物怖じする様子を見せなかった。変身時の決めゼリフは「宇宙 (そら) に輝くキラキラ星！ キュアスター！」。

56

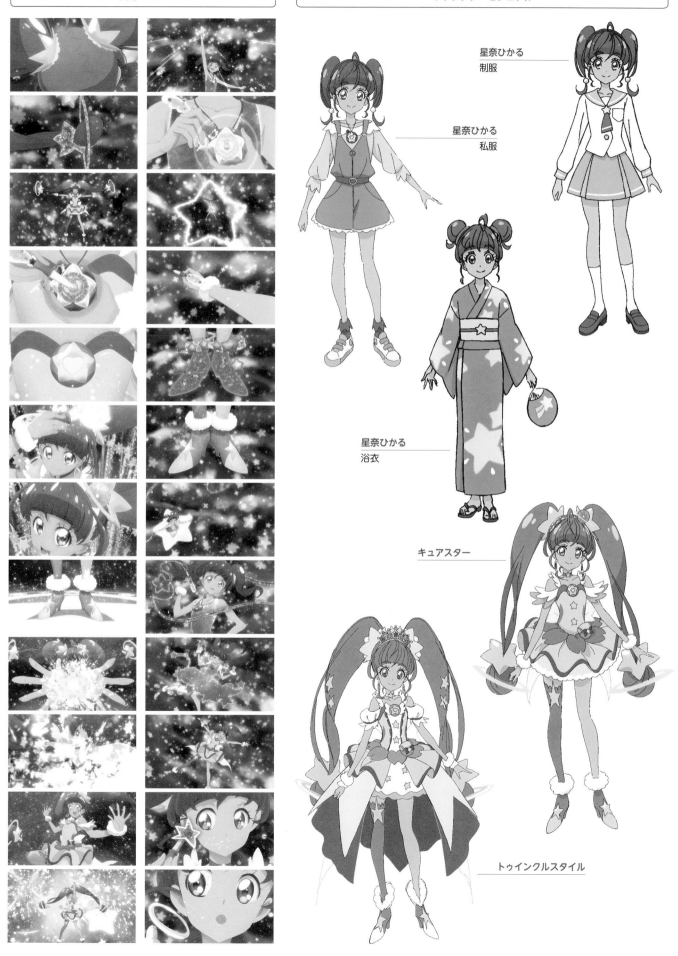

変身シーン

キャラクタービジュアル

星奈ひかる
制服

星奈ひかる
私服

星奈ひかる
浴衣

キュアスター

トゥインクルスタイル

スター☆トゥインクルプリキュア

キュアミルキー／羽衣ララ
[CV 小原好美]

CURE MILKY / HAGOROMO LALA

惑星サマーン出身の宇宙人。出身地では大人扱いされているものの、地球の年齢では13歳になる。フワやプルンスとともに伝説の戦士・プリキュアを探している最中、フワの力で地球へとワープ。カッパードからフワを守ろうとするキュアスターに背中を押され、プリキュアの力に覚醒する。責任感が強く真面目だが、ちょっと抜けているところも。のちに、ひかると同じ観星中学校に通うことになる。変身時の決めゼリフは「天にあまねくミルキーウェイ！ キュアミルキー！」。

羽衣ララ
制服

羽衣ララ
私服

羽衣ララ
浴衣

キュアミルキー

トゥインクルスタイル

スター☆トゥインクルプリキュア

キュアソレイユ／天宮えれな
[CV 安野希世乃]

CURE SOLEIL / AMAMIYA ELENA

「観星中の太陽」の異名を取る人気者で、朗らかに笑う姿が印象的な
観星中学校の3年生。実家は商店街にある生花店・ソンリッサで、忙
しい両親に代わって店を切り盛りすることも多い。6人兄弟の長女と
いうこともあり、面倒見がいい性格。どんなときでも笑顔を絶やさな
い一方で、思いがけず繊細な一面を見せることもある。変身時の決め
ゼリフは「宇宙を照らす！ 灼熱のきらめき！ キュアソレイユ！」。

天宮えれな
制服

天宮えれな
私服

天宮えれな
浴衣

キュアソレイユ

トゥインクルスタイル

スター☆トゥインクルプリキュア

キュアセレーネ／香久矢まどか
[cv 小松未可子]

CURE SELENE / KAGUYA MADOKA

「観星中の月」と呼ばれる、観星中学校に通う3年生。おしとやかな物腰からもわかるように、代々続く名家のお嬢様で、父は政府の高官、母は世界的なピアニスト。母親譲りのピアノの腕前に加え、弓道では全国大会で優勝を果たし、学校の成績もトップレベルで生徒会長を務めるという才女でもある。とはいえ、完璧人間なだけではなく、可愛いものに目がない一面も……。変身時の決めゼリフは「夜空に輝く！ 神秘の月あかり！ キュアセレーネ！」

香久矢まどか
制服

香久矢まどか
私服

香久矢まどか
浴衣

キュアセレーネ

トゥインクルスタイル

スター☆トゥインクルプリキュア

キュアコスモ／ユニ
［CV 上坂すみれ］

CURE COSMO / UNI

宇宙アイドルとして抜群の人気を誇るマオなど、さまざまな姿に変身する能力を持つ猫型種族の女の子。ノットレイダーの襲撃によって壊滅したレインボー星の生き残りで、故郷の宝物を取り戻すべく、怪盗ブルーキャットに変身。また、執事のバケニャーンに化けて、ノットレイダーに潜入していた。身体能力の高さはピカイチ。変身時の決めゼリフは「銀河に光る 虹色のスペクトル！ キュアコスモ！」。

ユニ

マオ

ブルーキャット

キュアコスモ

トゥインクルスタイル

ヒーリングっど♥プリキュア

キュアグレース／花寺のどか

［CV 悠木 碧］

CURE GRACE / HANADERA NODOKA

すこやか市に引っ越し、すこやか中学校に通うことになる中学2年生。いたってマイペース＆おっとりした性格で、芯が強く、どんな困難な状況でも「誰かの役に立ちたい」と考える心優しい女の子。幼い頃に原因不明の病で長期入院していたことがあり、運動はちょっぴり苦手。今でも無理をしすぎると倒れそうになることがある。パートナーであるヒーリングアニマルのラビリンとともに変身し、変身時の決めゼリフは「重なる二つの花 キュアグレース！」。

※イラスト初出／「ヒーリングっど♥プリキュア オフィシャルコンプリートブック」（イード刊）

花寺のどか
制服

花寺のどか
私服

花寺のどか
浴衣

キュアグレース

スペシャル
ヒーリングっどスタイル

ヒーリングっど♥プリキュア

キュアフォンテーヌ／沢泉ちゆ
[CV 依田菜津]

CURE FONTAINE / SAWAIZUMI CHIYU

どんなときでも落ち着いた、すこやか中学校の2年生。困った人を見ると放っておけない真面目な性格のしっかり者で、責任感の強さも人一倍。理系の秀才である一方、運動神経も抜群で、学校では陸上部の選手として活躍する。のどかが転校してきてすぐに運動が苦手なことを見抜き、以降、彼女と一緒に行動するように。パートナーであるヒーリングアニマルのペギタンとともに変身し、変身時の決めゼリフは「交わる二つの流れ キュアフォンテーヌ！」。

※イラスト初出／『ヒーリングっど♥プリキュア オフィシャルコンプリートブック』（イード刊）

変身シーン

キャラクタービジュアル

沢泉ちゆ
制服

沢泉ちゆ
私服

沢泉ちゆ
浴衣

キュアフォンテーヌ

スペシャル
ヒーリングっどスタイル

ヒーリングっど♥プリキュア

キュアスパークル／平光ひなた
[cv 河野ひより]

CURE SPARKLE / HIRAMITSU HINATA

明るく元気で、どんな相手でもすぐに仲良くなる、すこやか中学校の2年生。いつもクールで秀才タイプのちゆとは正反対に、喜怒哀楽が激しく勉強は大の苦手。また、思ったことをすぐに口に出してしまうクセがあり、そのことで周囲を困惑させる場面も。オシャレやコスメ、流行りものが大好き。パートナーであるヒーリングアニマルのニャトランとともに変身し、変身時の決めゼリフは「溶け合う二つの光 キュアスパークル！」。

※イラスト初出／「ヒーリングっど♥プリキュア オフィシャルコンプリートブック」（イード刊）

変身シーン

キャラクタービジュアル

平光ひなた
制服

平光ひなた
私服

平光ひなた
浴衣

キュアスパークル

スペシャル
ヒーリングっどスタイル

ヒーリングっど♥プリキュア

キュアアース／風鈴アスミ
［CV 三森すずこ］

CURE EARTH / FUURIN ASUMI

ヒーリングガーデンの女王・テアティーヌの想いに応え、地球が生み出した精霊。
一見、20歳くらいの女性だが、実際は生まれたばかりのため、トラブルを引き起こすこともしばしば。のどかの家に居候することになったあとも、周囲をヒヤヒヤさせている。また、悲しくなると身体が透明になってしまうという体質の持ち主。
パートナーであるヒーリングアニマルのラテとともに変身し、変身時の決めゼリフは「時を経て繋がる二つの風 キュアアース！」。

※イラスト初出／「ヒーリングっど♥プリキュア オフィシャルコンプリートブック」（イード刊）

変身シーン

キャラクタービジュアル

風鈴アスミ
私服

風鈴アスミ
浴衣

キュアアース

スペシャル
ヒーリングっどスタイル

トロピカル〜ジュ！プリキュア

キュアサマー／夏海まなつ

[CV ファイルーズあい]

CURE SUMMER / NATSUUMI MANATSU

考えるより先に身体が動いてしまう、あおぞら中学校に通う中学1年生。常夏の太陽のように明るく元気いっぱいで、初対面の相手にもグイグイとアプローチ。故郷である南乃島から母のいるあおぞら市へ引っ越してきたその日に、人魚のローラと遭遇する。「今一番大事なことをやる」という目的を掲げて、仲間とともに「トロピカる部」を立ち上げることに。変身時の決めゼリフは「ときめく常夏！ キュアサマー！」。

変身シーン

キャラクタービジュアル

夏海まなつ
制服

夏海まなつ
私服

夏海まなつ
浴衣

キュアサマー

エクセレン・トロピカルスタイル

トロピカル〜ジュ！プリキュア

キュアコーラル／涼村さんご

［cv 花守ゆみり］

CURE CORAL / SUZUMURA SANGO

あおぞら中学校の1年生で、まなつのクラスメイト。誰とでもすぐ仲良くなれる優しい性格で、引っ越してきたばかりで周囲に友達のいないまなつの親友に。可愛いものに目がなく、実家がコスメショップを経営しているだけに、オシャレが大好き。また、メイクやコスメの知識も多い。その性格ゆえか、ローラが一緒に行動するようになってからは、なにかと彼女のフォロー役に回ることに。変身時の決めゼリフは「きらめく宝石！ キュアコーラル！」

変身シーン

キャラクタービジュアル

涼村さんご
制服

涼村さんご
私服

涼村さんご
浴衣

キュアコーラル

エクセレン・トロピカルスタイル

トロピカル〜ジュ！プリキュア

キュアパパイア／一之瀬みのり

[CV 石川由依]

CURE PAPAYA / ICHINOSE MINORI

学年で成績トップを誇る、あおぞら中学校の2年生。趣味が読書というだけあって、国語は得意中の得意。中でも『人魚姫』がお気に入りで、人魚の伝説にも詳しい。また、自分で小説を書いていたこともあり、以前は文芸部に所属。とある事件をきっかけに退部し、まなつたちの「トロピかる部」に合流する。ポーカーフェイスで感情をあまり表に出さないが、自分をしっかり持っているタイプ。変身時の決めゼリフは「ひらめく果実（フルーツ）！ キュアパパイア！」

変身シーン

キャラクタービジュアル

一之瀬みのり
制服

一之瀬みのり
私服

一之瀬みのり
浴衣

キュアパパイア

エクセレン・トロピカルスタイル

137

キュアフラミンゴ／滝沢あすか

［CV 瀬戸麻沙美］

CURE FLAMINGO / TAKIZAWA ASUKA

運動神経バツグンで正義感の強い、あおぞら中学校の3年生。クールな雰囲気から近寄りがたく思われがちだが、じつは優しい姉御肌。「トロピカる部」の設立に奔走するまなつたちを手助けするだけでなく、部の部長に就任するなど、面倒見のいいところを見せてくれる。一方で、可愛い動物が出てくるゲームが好きだったり、料理が得意だったりと意外な一面も。変身時の決めゼリフは「はためく翼！キュアフラミンゴ！」。

滝沢あすか
制服

滝沢あすか
私服

滝沢あすか
浴衣

キュアフラミンゴ

エクセレン・トロピカルスタイル

変身シーン

キュアラメール／ローラ
[CV 日高里菜]

CURE LA·MER / LAURA

あとまわしの魔女の襲撃を受けた人魚の国・グランオー
シャンから、伝説の戦士・プリキュアを探すため、人間界
へとやって来た人魚の少女。グランオーシャンの次期
女王候補で、性格はちゃっかり者の自信家。思ったこと
をなんでもすぐに口に出してしまうため、たびたび騒動
を巻き起こす。まなつたちと一緒にいたいという想い
から、人間の姿へ変われるように。留学生として、あお
ぞら中学の1年に編入する。変身時の決めゼリフは「ゆ
らめく大海原（オーシャン）！ キュアラメール！」。

変身シーン

キャラクタービジュアル

ローラ
私服

ローラ
人魚スタイル

ローラ
浴衣

キュアラメール

エクセレン・トロピカルスタイル

デリシャスパーティ♡プリキュア

キュアプレシャス／和実ゆい
［CV 菱川花菜］

CURE PRECIOUS / NAGOMI YUI

元気でまっすぐ、周囲の人が思わず笑顔になってしまう、私立しんせん中学校に通う2年生。両親は、おいしーなタウンで定食屋・なごみ亭を営んでおり、本人も食べることが大好き。祖母が口にしていた「ごはんは笑顔」という言葉を大切にしている。好きな教科は体育というだけあって、運動神経抜群で学校ではサッカー部の助っ人に呼ばれるほど。変身時の決めゼリフは「あつあつごはんで、みなぎるパワー！ キュアプレシャス！」。

※イラスト初出／「デリシャスパーティ♡プリキュア オフィシャルコンプリートブック」（イード刊）

変身シーン

キャラクタービジュアル

和実ゆい
制服

和実ゆい
私服

和実ゆい
浴衣

キュアプレシャス

パーティアップスタイル

デリシャスパーティ♡プリキュア

キュアスパイシー／芙羽ここね

[CV 清水理沙]

CURE SPICY / FUWA KOKONE

実家が高級店、レストラン・デュ・ラクを営むお嬢様で、周囲から
一目置かれる、私立しんせん中学校の2年生。クールビューティ
でオシャレにも気を使い、メイクの知識も豊富。また、可愛いも
のが大好きという一面も持っている。ひとりで過ごすことが好き
で、人との会話に苦労することも多かったが、ゆいたちとの出会
いをきっかけに少しずつ克服する。変身時の決めゼリフは「ふわ
ふわサンド de 心にスパイス！ キュアスパイシー！」。

※イラスト初出／「デリシャスパーティ♡プリキュア オフィシャルコンプリートブック」（イード刊）

変身シーン

キャラクタービジュアル

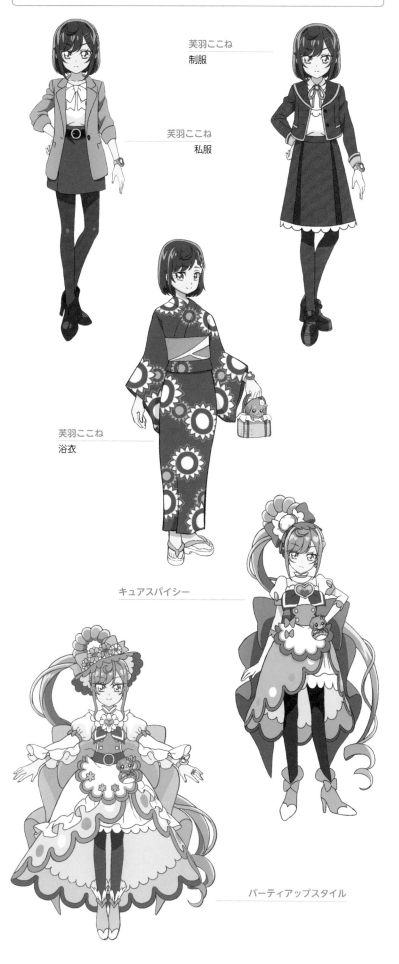

芙羽ここね
制服

芙羽ここね
私服

芙羽ここね
浴衣

キュアスパイシー

パーティアップスタイル

デリシャスパーティ♡プリキュア

キュアヤムヤム／華満らん

［cv 井口裕香］

CURE YUM-YUM / HANAMICHI RAN

おしゃべりが得意な、私立しんせん中学校の2年生。料理に対する好奇心が人一倍強く、飲食店では食事の前に必ず料理を撮影、SNSに欠かさず投稿するほど。さらに食べ物を前にテンションが上がると、おしゃべりが止まらなくなってしまうことも。実家は、おいしーなタウンにあるラーメン屋・ぱんだ軒。両親はもちろん、小さな妹と弟もみな個性的な一家だ。変身時の決めゼリフは「きらめくヌードル・エモーション！キュアヤムヤム！」。

※イラスト初出／「デリシャスパーティ♡プリキュア オフィシャルコンプリートブック」（イード刊）

華満らん
制服

華満らん
私服

華満らん
浴衣

キュアヤムヤム

パーティアップスタイル

デリシャスパーティ♡プリキュア

キュアフィナーレ／菓彩あまね
[cv 茅野愛衣]

CURE FINALE / KASAI AMANE

私立しんせん中学校で生徒会長を務める中学3年生。実家はフルーツパーラーを経営
しており、年が離れた双子の兄・ゆあんとみつきがいる。生徒たちから慕われる存在で
ある一方、裏では怪盗ブンドル団に心を操られ、ジェントルーとして活動。ゆいたちの
尽力で解放されたあとは、紆余曲折の末、プリキュアの力に目覚める。変身時の決めゼ
リフは「ジェントルにゴージャスに、咲き誇るスウィートネス！ キュアフィナーレ！」。

※イラスト初出／『デリシャスパーティ♡プリキュア オフィシャルコンプリートブック』（イード刊）

菓彩あまね
私服

ジェントルー

菓彩あまね
浴衣

キュアフィナーレ

パーティアップスタイル

ひろがるスカイ！プリキュア

キュアスカイ／ソラ・ハレワタール
[CV 関根明良]

CURE SKY / SORA HAREWATĀRU

天空の世界・スカイランドの女の子。スカイランドの王女・エルが誘拐されそうになって
いる場面に出くわし、その戦いの最中に人間界にワープしてきてしまう。幼い頃、護衛隊
の隊長・シャララに助けてもらったことをきっかけに、彼女のような「ヒーロー」になろう
と決意。ひとりで鍛錬に明け暮れる日々を送った結果、高い身体能力を持つ。その一方
で、コミュニケーションを取るのが下手な一面も。人間界では、私立ソラシド学園の中等
部に通う。変身時の決めゼリフは「無限にひろがる青い空！ キュアスカイ！」。

ソラ・ハレワタール
制服

ソラ・ハレワタール
私服

ソラ・ハレワタール
私服（夏）

キュアスカイ

ひろがるスカイ！プリキュア

キュアプリズム／虹ヶ丘ましろ
[CV 加隈亜衣]

CURE PRISM / NIZIGAOKA MASHIRO

「ましろん」の愛称で呼ばれている、私立ソラシド学園中等部に通う
2年生。両親が海外赴任中のため、ソラシド市で祖母のヨヨとふたり
暮らし。エルを守ろうとするソラとアンダーグ帝国の戦いに巻きこ
まれたことをきっかけに、ソラとエルを家であずかることになる。優
しく思いやりにあふれていて、ついつい暴走しがちなソラのフォロ
ー役を務めている。また、料理や自然についての知識も豊富。変身
時の決めゼリフは「ふわりひろがる優しい光！ キュアプリズム！」。

変身シーン

キャラクタービジュアル

虹ヶ丘ましろ
制服

虹ヶ丘ましろ
私服

虹ヶ丘ましろ
私服（夏）

キュアプリズム

ひろがるスカイ！プリキュア

キュアウィング／夕凪ツバサ
[CV 村瀬 歩]

CURE WING / YUNAGI TSUBASA

スカイランドに住む、空を飛べない鳥型の妖精・プニバード族の少年。嵐の日に空を飛ぶ練習をしていたところ、時空の歪みに巻きこまれ、ソラシド市にやって来る。空を飛ぶことに憧れを抱き、航空力学を勉強するなど、真面目で一本気。責任感が強く、スカイランドの王女・エルを守る「騎士」を自認する。飛べない代わりに、人間の姿に変身することが可能。変身時の決めゼリフは「天高くひろがる勇気！ キュアウィング！」。

夕凪ツバサ
私服

夕凪ツバサ
私服（夏）

キュアウィング

夕凪ツバサ
妖精

ひろがるスカイ！プリキュア

キュアバタフライ／聖あげは

［CV 七瀬彩夏］

CURE BUTTERFLY / HIJIRI AGEHA

「アゲてくよ！」が口癖の、明るく頼りになるお姉さん。幼い頃、ましろの家のすぐ近所に住んでいたが、家の都合で別の街へ引っ越すことに。その後、保育士を目指して、ソラシド市にある専門学校に通っている。プリキュアになることを躊躇していたましろを応援するなど、面倒見のよさもチャームポイント。保育園で実習中にアンダーグ帝国の襲撃に遭い、プリキュアへと変身を果たす。変身時の決めゼリフは「アゲでひろがるワンダホー！ キュアバタフライ！」。

聖あげは
私服

聖あげは
私服（夏）

聖あげは
保育士

キュアバタフライ

ひろがるスカイ！プリキュア

キュアマジェスティ／プリンセス・エル
［CV 古賀 葵］

CURE MAJESTY / PRINCESS ELLEE

まだ幼いスカイランドの王女様。カバトンに誘拐されたことをきっかけに、ソラとともにソラシド市へ。初めの頃はほとんどしゃべることができなかったが、次第に片言で話せるようになった。プリキュアに変身するきっかけを与えるスカイトーンを生み出せる他、「みんなを守りたい」という強い気持ちがきっかけとなり、エル自身も幻のプリキュア・キュアマジェスティへと変身。変身時の決めゼリフは「降り立つ気高き神秘！ キュアマジェスティ！」。

エル

エル
えるたろう

エル
ステージ衣装

エル
パジャマ

5人の決め技（マジェスティクルニクルン）

メップル（CV 関 智一）

選ばれし勇者。わがままな一面もあり、美墨なぎさとは良い
喧嘩友達。ミップルとは自他ともに認めるカップル。

ふたりはプリキュア

光の園は永遠の命を与える7つのプリズムストーンがある
妖精たちの国。対するドツクゾーンはジャアクキングが支配
する闇の世界。なお、人間の世界は虹の園と呼ばれている。

光の園

ミップル（CV 矢島晶子）

希望の姫君。しっかり者で雪城ほのかとの関係もすこぶる
良い。ついメップルを甘やかしがちだが、怒ると怖い。

ポルン（CV 池澤春菜）

未来へ導く光の王子。まだ幼いため、なぎさが手を焼くこと
も多い。九条ひかりをシャイニールミナスへ変身させる。

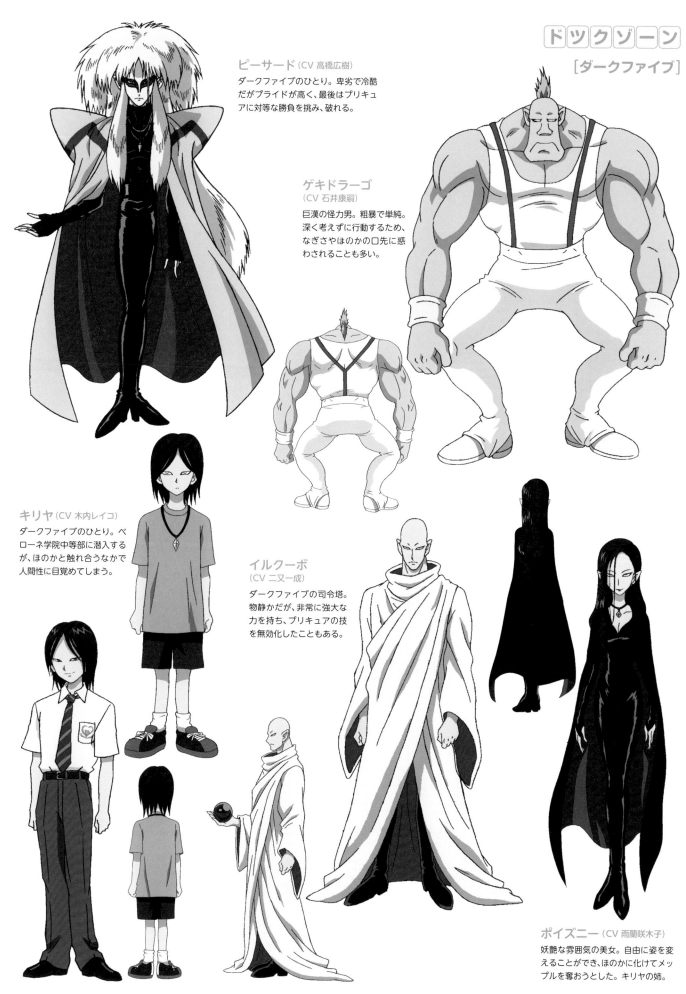

ピーサード（CV 高橋広樹）

ダークファイブのひとり。卑劣で冷酷だがプライドが高く、最後はプリキュアに対等な勝負を挑み、破れる。

ゲキドラーゴ
（CV 石井康嗣）

巨漢の怪力男。粗暴で単純。深く考えずに行動するため、なぎさやほのかの口先に惑わされることも多い。

キリヤ（CV 木内レイコ）

ダークファイブのひとり。ベローネ学院中等部に潜入するが、ほのかと触れ合うなかで人間性に目覚めてしまう。

イルクーボ
（CV 二又一成）

ダークファイブの司令塔。物静かだが、非常に強大な力を持ち、プリキュアの技を無効化したこともある。

ポイズニー（CV 雨蘭咲木子）

妖艶な雰囲気の美女。自由に姿を変えることができ、ほのかに化けてメップルを奪おうとした。キリヤの姉。

ジュナ（CV 松本保典）

3人の闇の戦士のひとり。寡黙で何を考えているのかわからないが、力は強大。人間形態の名前は角澤竜一郎。

レギーネ（CV 深見梨加）

女性の姿をした闇の戦士。炎をあやつる戦闘が得意。人間形態の名前は小山翔子。おそろしく引っ込み思案。

ベルゼイ・ガートルード
（CV 西村知道）

リーダー格だがジャアクキングに疑念を抱いており、次第に独自の行動に出る。人間形態の名前は結城玄武。

ジャアクキング（CV 小野健一）

すべてを食い尽くす力を持つ闇の帝王。光の園のクイーンとは対になる存在で、宇宙の混沌から同時に誕生した。

ドックゾーン消滅の代償として、光の園のクイーンは12のハーティエルに分裂してしまう。一方、ジャアクキングもその一部が生き延び、虹の園を拠点にして復活を目論んでいた。

ルルン (CV 谷井あすか)

未来を紡ぐ光の王女。ポルンを慕っており、泣き虫。シャイニールミナスにパワーアップアイテムを授ける。

光の園

ドックゾーン

[闇のファイター]

バルデス (CV 小野健一)

リーダー格。深い知識と強大な力を併せ持つ。プリキュアに破れても自力で復活するほどの生命力を持つ。

ビブリス (CV 小林 愛)

闇のファイター唯一の女性。短気で、すぐに他のメンバーと口論になる。食べ物に対する執着が強い。

サーキュラス (CV 上別府仁資)

最初に登場した戦士。冷静な性格だが、シャイニールミナスに対しては平常心を失うほどの憎悪を抱いている。

ウラガノス (CV 高木 渉)

巨漢の戦士。人の話を聞かず、戦術も猪突猛進が主体。大雑把な性格で、アジトである洋館の備品をよく壊す。

ふたりはプリキュア Splash☆Star

泉の郷は中心に世界樹がそびえ、その周囲に7つの泉がある
妖精の世界。ダークフォールの侵攻でそのうちの6つが枯れ
ている。もし、7番目の泉も枯れれば、世界は滅びてしまう。

フラッピ（CV 山口勝平）
花の精。日向咲のパートナーで
キュアブルームに変身させる。
チョッピが好きだが想いを伝
えられないでいる。

ムープ（CV 渕崎ゆり子）
月の精霊。まだ子供だが、フラッピと力
を合わせることで咲をキュアブライト
に変身させることができる。

チョッピ（CV 松来未祐）
鳥の精。美翔舞のパートナーで
キュアイーグレットに変身さ
せる。優しい性格だが、恋愛面
ではかなりの鈍感。

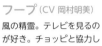

フープ（CV 岡村明美）
風の精霊。テレビを見るの
が好き。チョッピと協力し
て舞をキュアウィンディに
変身させることができる。

ダークフォール

アクダイカーン（CV 五代高之）
ダークフォールの支配者。巨大な鎧武
者の姿をしており、冷酷で高圧的。そ
の一方で自らが動くことはない。

ゴーヤーン（CV 森川智之）
アクダイカーンの腹心として滅びの
戦士に指示を出す。自ら人間界に行く
こともあるが、戦わずに遊んでいた。

［滅びの戦士］

カレハーン（CV 千葉一伸）
滅びの戦士にして樹の泉の支配者。残虐な自信家で
「カレっちと呼んでくれ」と余裕を見せたりもする。

164

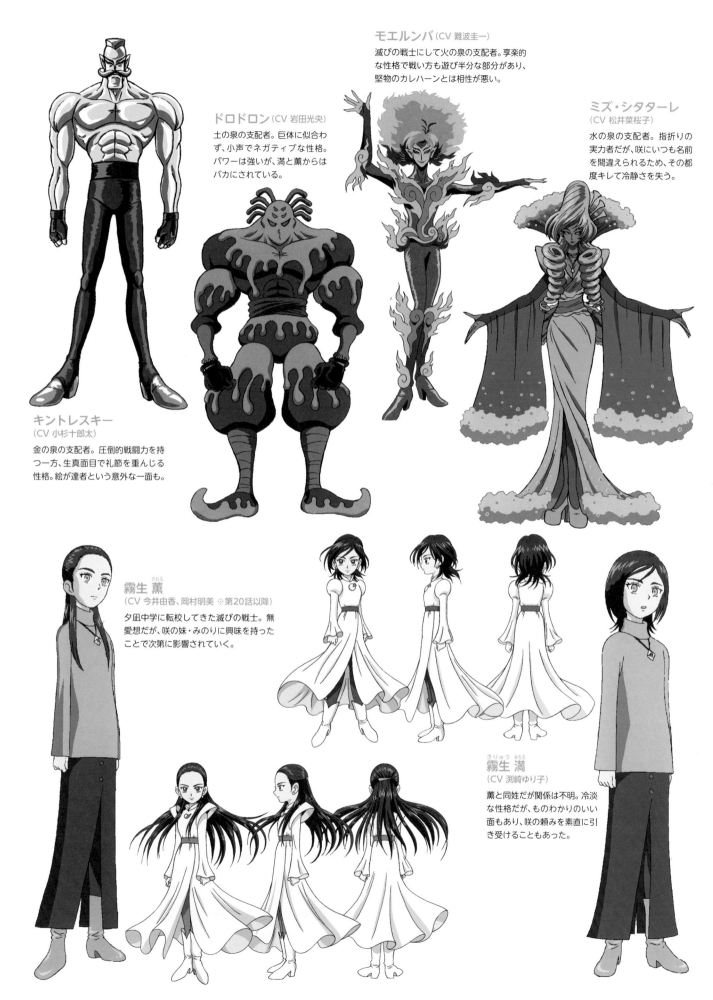

モエルンバ（CV 難波圭一）
滅びの戦士にして火の泉の支配者。享楽的な性格で戦い方も遊び半分な部分があり、堅物のカレハーンとは相性が悪い。

ドロドロン（CV 岩田光央）
土の泉の支配者。巨体に似合わず、小声でネガティブな性格。パワーは強いが、満と薫からはバカにされている。

ミズ・シタターレ
（CV 松井菜桜子）
水の泉の支配者。指折りの実力者だが、咲にいつも名前を間違えられるため、その都度キレて冷静さを失う。

キントレスキー
（CV 小杉十郎太）
金の泉の支配者。圧倒的戦闘力を持つ一方、生真面目で礼節を重んじる性格。絵が達者という意外な一面も。

霧生 薫
（CV 今井由香、岡村明美 ※第20話以降）
夕凪中学に転校してきた滅びの戦士。無愛想だが、咲の妹・みのりに興味を持ったことで次第に影響されていく。

霧生 満
（CV 渕崎ゆり子）
薫と同姓だが関係は不明。冷淡な性格だが、ものわかりのいい面もあり、咲の頼みを素直に引き受けることもあった。

Yes!プリキュア5

パルミエ王国はココたちの故郷。ナイトメアの策略で滅んでしまい、国民も行方不明。対するナイトメアは企業のような悪の集団で、ドリームコレットを狙っている。

パルミエ王国

ココ／小々田コージ
（CV 草尾 毅）

パルミエ王国の王子。王国を復興すべく人間界へやって来た。教師となり、夢原のぞみたちの母校で教鞭をとる。

ミルク（CV 仙台エリ）

ココとナッツのお世話係見習い。打算的で相手をなかなか信用しない性格だが、それは人間界での苦労が原因。

ナッツ／夏
（CV 入野自由）

パルミエ王国の王子。読書家で思慮深い性格だが、カワリーノにだまされて王国の門を開けてしまった過去を持つ。

ナイトメア

ブンビー（CV 高木 渉）

ナイトメアの中間管理職。部下には高圧的だが、上司には逆らわない卑屈な性格。後にエターナルに再就職する。

デスパライア（CV 杉山佳寿子）

ナイトメアの女帝。老化を恐れ、普段は仮面をかぶっている。ドリームコレットで永遠の若さを手に入れようとする。

166

ハデーニャ(CV 小宮和枝)
女性幹部。上司に対しても物怖じしない傲慢で横柄な性格。ココとナッツを襲い、傷を負わせた過去がある。

カワリーノ(CV 優希比呂)
デスパライアの忠実な部下。物腰は丁寧だが妥協を許さず、部下の命をまったく気にしない冷酷非情な人物。

ブラッディ(CV 丸山詠二)
古参幹部。物静かだが、パルミエ王国を滅ぼした張本人。かつての部下だったカワリーノのやり方には批判的。

アラクネア(CV 沢海陽子)
ブンビーの部下で、エリートを自認する女性。高慢で野心家。ブンビーを出し抜こうとするしたたかさもある。

ガマオ(CV 陶山章央)
形式上はブンビーの部下だが、実際はアルバイト。怠惰な性格で、働かずに腹を満たすことばかり考えている。

ギリンマ(CV 檜山修之)
ブンビーの部下。幹部になるのが夢で、そのためには手段を選ばない。ナッツをだまして城門を開けさせた。

平和が戻ったパルミエ王国は復興の真っ最中。そこに新たな敵・エターナルが現れる。エターナルは博物館のような組織で、保護を名目に人々の大切なものを略奪しようとする。

パルミエ王国

シロップ／甘井シロー(CV 朴 璐美)
鳥の妖精。エターナルの運び屋をしていた。幼少期の記憶がなく、手がかりを探している。

エターナル

ネバタコス(CV 島田 敏)
スコルプの後任。性格は粗暴で横柄。仕事も力まかせで財宝はいつもキズだらけなので、上司の受けも悪い。

スコルプ(CV 子安武人)
エターナルの一員でシロップとは顔見知り。忠実で過去の実績はそれなりだが、融通がきかず書類仕事が苦手。

アナコンディ（CV 山像かおり）
館長の側近としてエターナルを実質的に仕切っている女性。館長に絶対の忠誠を誓っているが、部下には冷酷。

ムカーディア（CV 置鮎龍太郎）
知的でスマートな仕事ぶりで、女性の扱いにもそつがない。しかし、その実態はナンバー2の座を狙う野心家。

シビレッタ（CV 鈴木れい子）
エターナル最古参の老婆で館長を昔から知る人物。アナコンディとは非常に仲が悪く、嫌味の応酬をしている。

イソーギン（左）＆ヤドカーン（右）
（CV チョー／乃村健次）
「エターナル最強のハンター」のふたり組。ほとんどしゃべらず、つかみどころがない。戦い方は凶暴。

館長（CV 千葉 繁）
本名不明。独善的な性格で世界から無数の財宝を奪い、それらをコレクションするためにエターナルを作った。

タルト（CV 松野太紀）
スウィーツ王国の第105王子。関西弁風
の言葉を話す。長老の命でプリキュア
に覚醒した人間を探しに来る。

スウィーツ王国の長老は、この世にいくつも存在するパラレル
ワールドに危機が近づいてることを察知する。それは管理国
家ラビリンスによる、夢も希望もない世界の到来だった。

スウィーツ王国

シフォン（CV こおろぎさとみ）
不思議な力を持つ、妖精の女の子。お世話の方法は人間と同
じで、注意しないとお腹を壊したりする。

アズキーナ（CV 一色まゆ）
タルトの婚約者。タルトを愛するあまり、その想いが
暴走することもあるが、役に立ちたいとも考えている。

ラビリンス

イース（CV 小松由佳）
ラビリンスの少女。プリキュアに劣らぬ高い戦闘能力を持つ。正体を隠してラブに接近する。

ウエスター (CV 松本保典)

大柄な青年。管理国家の人間とは思えないほど感情表現が豊かで、ラブたちの世界にも次第になじんでいく。

サウラー (CV 鈴村健一)

読書家で、ラブたちの世界を詳細に分析している。緻密な作戦が得意だが、不測の事態に動揺することもある。

クライン (CV 樋渡宏嗣)

メビウスの側近。ラビリンスの実務を担当し、不要となった市民に寿命の終焉を通告する役目も担っている。

ノーザ (CV 渡辺美佐)

無慈悲なことで悪名高い最高幹部。イースたちを指揮・監督するためにやって来た。植物を操る能力を持つ。

メビウス (CV 西村知道)

ラビリンスの総統。すべてのパラレルワールドを支配下に置き、完全に制御された世界を作ろうと目論む。

ノーザ・クライン
(CV 渡辺美佐)

メビウスが植物とトカゲのDNAから作った生命体。ノーザとクラインが合体することで出現し、高い戦闘力を持つ。

こころの大樹は人々の心の拠りどころとして、歴代プリキュアによって守られてきた。砂漠の使途はそんなこころの大樹を枯らし、地球の大地も人の心も砂漠にしようと企む。

シプレ (CV 川田妙子)

花咲つぼみのパートナー。キュアブロッサムに変身させる。つぼみを信頼しており、一度も喧嘩をしたことがない。

コフレ (CV くまいもとこ)

来海えりかのパートナー。キュアマリンに変身させるが、妖精に頼りきりのえりかに怒って家出したことがある。

コロン (CV 石田 彰)

キュアムーンライトのパートナー。砂漠の使徒との戦いで消滅し、月影ゆりの人生に大きな影響を与える。

ポプリ (CV 菊池こころ)

明堂院いつきのパートナー。キュアサンシャインに変身させる。いつきとの絆は強いが、まだ子供で迷子になることも。

コッペ (CV 堀内賢雄)

つぼみの祖母・薫子の植物園にいる巨大なぬいぐるみ。実際は薫子のパートナーで、本気を出すととても強い。

172

クモジャキー (CV 竹本英史)
剣術に秀でた熱血幹部。最強の敵と戦うことにしか関心がなく、キュアブロッサムの優しさを軽蔑している。

コブラージャ (CV 野島裕史)
ナルシストで美的センスにこだわる幹部。チャンスがあっても、美しさを優先して襲わないと決める一面もある。

サソリーナ (CV 高乃 麗)
髪を自由に操る女性幹部。自分の感情に素直で喜怒哀楽の起伏が激しく、他の幹部からたしなめられることも。

サバーク博士 (CV 楠 大典)
砂漠の使徒の地球侵攻作戦において、デューンの代理を務める最高幹部。ダークプリキュアを生み出した。

デューン (CV 緑川 光)
砂漠の使徒の首領。人間に敵意を持つが、支配することには興味がなく、地球を不毛の砂漠にするのが目的。

ダークプリキュア
(CV 高山みなみ)
プリキュアと同等のスペックを持つ戦士。サバーク博士を父と慕う一方、キュアムーンライトを憎んでいる。

幸せな音楽の国・メイジャーランドは突如、悲しい音楽の国・マイナーランドの攻撃を受ける。その目的は、幸福のメロディが記された伝説の楽譜を奪うことだった。

メイジャーランド

アフロディテ（CV 日高のり子）
メイジャーランドの女王。幸福のメロディを書き換えられそうになったため、音符を解放して人間界に振りまく。

ハミィ（CV 三石琴乃）
メイジャーランドの歌姫。伝説の音符を集めるために人間界にやって来る。一度信じた相手は絶対に信じる。

マイナーランド

ノイズ（CV 中尾隆聖）
マイナーランドの首領。悲しみから生まれた、決して消し去ることのできない存在。自分の声を嫌悪している。

メフィスト（CV 堀内賢雄）
マイナーランドの幹部。プリキュアたちより先に伝説の音符を集めようとする。映画では警察に捕まる失態も。

ファルセット（CV 奈良 徹）

3人の中でいちばん影が薄い存在。その正体はノイズ直属の部下で、トリオ・ザ・マイナーの新リーダーとなる。

バリトン（CV 大林洋平）

元はメイジャーランド三銃士のひとり。コーラス隊でもあったが、洗脳されてトリオ・ザ・マイナーとなった。

バスドラ（CV 斧 アツシ）

トリオ・ザ・マイナーのひとり。当初は黙々と任務を遂行するが、セイレーンが離脱後は自己主張が強くなる。

セイレーン（CV 豊口めぐみ）

ハミィに歌を教えた心優しい妖精。しかし、幸福のメロディの歌姫にハミィが選ばれたことで嫉妬から敵となる。トリオ・ザ・マイナーの上司。

スマイルプリキュア!

おとぎ話のキャラクターが住むメルヘンランドが、おとぎ話の悪役たちで構成されるバッドエンド王国に襲われる。彼らの目的は、この世界をバッドエンドで終わらせることだった。

メルヘンランド

ポップ(CV 阪口大助)

キャンディの兄。変化の術で鳥やペガサスなどに変身し、プリキュアと一緒に戦う。極度の照れ屋で、褒められると弱い。

キャンディ(CV 大谷育江)

無邪気な妖精の子供。伝説の戦士プリキュアを探しにやって来た。寂しがり屋だが、ひとりで行動する勇気もある。

ロイヤルクイーン(CV 島本須美)

メルヘンランドの女王。幸せの力の源であるキュアデコルをピエーロに奪われ、回収をプリキュアたちに託す。

ピエーロ(CV 玄田哲章)

悪の皇帝。キュアデコルを奪った際、代償としてロイヤルクイーンに封印され、部下たちに復活を託す。

バッドエンド王国

ウルフルン（CV 志村知幸）
オオカミのような姿の幹部。粗暴な性格で人間の努力や友情を見下している。毛深いため、猛暑に弱い一面も。

マジョリーナ（CV 冨永みーな）
魔女の姿をした幹部。怪しげな発明で悪事を目論むが、失敗作も多い。短時間だが美しい女性に変身できる。

アカオーニ（CV 岩崎ひろし）
オニの姿をした幹部。怪力自慢で気弱な人間を軽蔑している。勉強や頭脳戦は苦手でテレビが好き。

ジョーカー（CV 三ツ矢雄二）
ピエーロの腹心。常におどけた態度だが、たまに見せる本性は邪悪。戦闘スタイルは変幻自在でトリッキー。

バッドエンドプリキュア
（CV 西村ちなみ、金元寿子、福圓美里、田野アサミ、井上麻里奈 ※左から）
キュアハッピーたちをコピーした闇のプリキュア。オリジナルと似た技を持つ。身勝手で他人の不幸が大好き。

異世界にあるトランプ王国が、闇の勢力ジコチューによって
滅ぼされてしまう。生き延びたキュアソードは妖精たちと
人間界へ逃げるが、そこにもジコチューの魔の手が伸びる。

トランプ王国

ラケル（CV 寺崎裕香）
菱川六花のパートナー。キュアダイヤモ
ンドに変身させる。少年の姿になって
六花の同級生に恋心を抱いたことも。

シャルル（CV 西原久美子）
相田マナのパートナー。キュアハートに
変身させる。少女の姿になってマナの学
校で生徒会の仕事を手伝うことも。

ランス（CV 大橋彩香）
四葉ありすのパートナー。キュアロゼッタに変身させる。
甘えん坊で、ありすの屋敷で贅沢な暮しをしている。

ダビィ（CV 内山夕実）
剣崎真琴のパートナー。キュアソードに
変身させる。人間の大人の姿で真琴のマ
ネージャーを務め、車での送迎も行う。

アイちゃん（CV 今井由香）
イタズラ好きの不思議な赤ちゃん。円亜久里
をキュアエースに変身させる力がある。

アン王女（CV 今井由香）
幼少期から剣術に秀でたトランプ王国の王女。
ジコチューとの戦いで行方不明となる。

6才

14才

レジーナ (CV 渡辺久美子)
キングジコチューの娘。わがままでお
てんば。善悪の区別がついておらず、
平然とマナを遊びに誘ったりする。

マーモ (CV 田中敦子)
女性幹部。勝手気ままな性格だが、美
容には気を使い、肌の手入れは欠かさ
ない。料理が得意という一面も。

イーラ (CV 田中真弓)
いつも機嫌が悪い幹部。六花
を気にかけ「いい匂い」と評し
ている。記憶を失ったときは
彼女に淡い恋心を抱いた。

キングジコチュー
(CV 大塚芳忠)
ジコチューの王。石化した
状態にあるが、次第に復活し
つつある。体内には液体状
のプロトジコチューがいる。

ベール (CV 山路和弘)
リーダー格の幹部。沈着冷静な戦略家
に見えるが、間抜けな面も多い。野心
家でナンバー2の座を狙っている。

プロトジコチュー
(CV 岩崎征実)
1万年前に出現した最初のジ
コチュー。キングジコチュー
を構成する細胞として、現代
まで生き長らえていた。

グーラ (CV 天田益男)
大男の姿をした幹部。食欲旺盛を通り
越した悪食ぶりで、プリキュアの技も
口に入れてしまえば無力化できる。

リーヴァ (CV 飛田展男)
細身の男性の姿をした幹部。グーラと仲
が良い。ベールの実力に嫉妬し、警戒す
ると同時に出し抜こうとしていた。

謎の組織・幻影帝国の地球侵略は、世界各地にいるプリキュアたちの活躍で一進一退を続けていた。そんな折、地球の精霊である「ブルー」が新たなプリキュアを生み出す。

リボン（CV 松井菜桜子）
ブルースカイ王国大使館で、白雪ひめの世話をしている妖精。保護者のように、厳しい言葉でひめを諭すことも。

ブルー（CV 山本匠馬）
神と呼ばれることもある地球の精霊。愛の結晶を振りまき、プリキュアの資質を持った少女たちを探している。

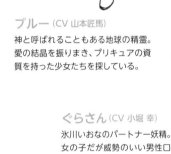

ぐらさん（CV 小堀 幸）
氷川いおなのパートナー妖精。女の子だが威勢のいい男性口調で話す。元はいおなの姉・まりあのパートナーだった。

幻影帝国

ファントム（CV 野島裕史）
プリキュアハンターとして多くのプリキュアを封印してきた戦士。アンラブリーに変身し、愛乃めぐみを苦しめる。

アンラブリー

レッド（CV 井上和彦）
「憎しみの神」と称する幻影帝国の黒幕。ディープミラーという鏡の姿を借り、クイーンミラージュを陰から操る。

ナマケルダ（CV 金尾哲夫）

怠惰な幹部で戦闘は部下まかせ。仕事
や恋愛に達観した意見を持っている。
若い頃はバンドをやっていたらしい。

ホッシーワ
（CV 岡村明美）

高飛車な女性幹部。甘いものに
目がなく、独占欲が非常に強
い。直接戦闘をすることは少な
いが、変身能力がある。

オレスキー（CV 子安武人）

幻影帝国の将軍。ナルシストで胸の
勲章はお手製。自分のファンクラブも
運営しており、しっかり会費を取る。

キュアミラージュ
（CV 國府田マリ子）

300年前にぴかり神社の巫女をして
いた少女。プリキュアとなり、ブルー
とともに闇の巨人と戦っていた。

マダムモメール（CV 浜田賢二）

ハワイ担当の幹部。現地のアロ～ハ
プリキュアを何度も破り、ハワイの大半
を氷づけにして占領している。

クイーンミラージュ
（CV 國府田マリ子）

幻影帝国の女王。不幸こそが世界の真理
だと信じている。ブルーを憎悪する一方
で、強い執着心を抱いている。

キュアテンダー（CV 小林沙苗）

クイーンミラージュに召喚された悪の
プリキュア。好戦的で他者に無関心。
仲間であっても邪魔者扱いする。

アロマ (CV 古城門志帆)

パフの兄で、執事見習い。過去の試験で不合格になっているため、執事の仕事となると気負いすぎる傾向がある。

Go!プリンセスプリキュア

平和で豊かなホープキングダムは、闇の勢力・ディスダークによって絶望の森に閉ざされてしまう。妖精たちは王国を救うため、3人のプリキュアを探しに人間界にやって来る。

ホープキングダム

パフ (CV 東山奈央)

女の子の妖精でメイド見習い。自分の髪を踏んでよく転んでいる。ミス・シャムールの力で人間の姿になる。

ミス・シャムール (CV 新谷真弓)

プリンセスとしての教養や作法を教える教育係。プリキュアたちをグランプリンセスにするべく奮闘する。

カナタ王子 (CV 立花慎之介)

ホープキングダムの王子。ディスピアに支配された王国に潜伏し、ときに戦いながら王国復興の手がかりを探す。

クロロ (CV 甲斐田ゆき)

ディスダークに憑依されていた妖精。プリキュアによって解放され、ミス・シャムールのもとで勉学に励む。

182

ロック (CV 甲斐田ゆき)
飄々とした性格で戦いも遊び感覚。
一番の実力者だが、それゆえにディス
ピアへの忠誠心はほとんどない。

ディスダーク

クローズ (CV 真殿光昭)
ディスピアに絶対の忠誠を誓
う幹部。粗暴な性格だが、力
だけでなく心理戦も巧みで
プリキュアたちを苦しめる。

トワイライト (CV 沢城みゆき)
ディスピアの娘にして後継者。唯一無二
のプリンセスと自認しており、努力する
はるかを軽蔑している。

ストップ (左) & フリーズ (右)
(CV 井澤詩織／伊東みやこ)
絶望の種から生み出された
戦士。感情を見せることは
ほとんどなく、機械のように
正確に任務を遂行する。

シャット (CV 日野 聡)
ディスダーク=統十のひとり。ナルシストで
美意識へのこだわりが強い。トワイライトの
美貌に心酔している。

ディスピア (CV 榊原良子)
ディスダークを支配する絶望の
魔女。強大な力を持つが、言葉巧
みに相手の心を揺さぶる能力に
も長けている。

魔法界の人々は人間界のことをナシマホウ界と呼び、ひそかに行き来していた。一方、闇の魔法つかいたちは、すべての世界を闇で覆い尽くそうと企み、人間界にやって来る。

魔法界

校長（CV 内田夕夜）
本名不明。偉大な魔法つかいとして尊敬を集め、魔法学校の校長を務める。青年の姿だが、じつはかなりの高齢。

モフルン（CV 齋藤彩夏）
朝日奈みらいが幼い頃から大切にしているぬいぐるみ。プリキュアがもたらした奇跡の力で会話ができるようになる。

闇の魔法つかい

バッティ（CV 遊佐浩二）
最初に人間界にやって来た闇の魔法つかい。冷酷な性格で、平和な魔法だけを使う魔法界の人々を軽蔑している。

ガメッツ（CV 中田譲治）
強い相手と戦うことに情熱を燃やす武人。その一方で闇の力に心酔し、弱者は強者に服従すべきと考えている。

スパルダ（CV 小林ゆう）
闇の魔法つかいの女性。闇の世界の到来を心待ちにしており、その実現のためには手段を選ばず破壊活動を行う。

ドクロクシー (CV 秋元羊介)

闇の魔法つかいの首領。世界のすべての力を手に入れることを目論む。
校長と同じぐらいの年齢らしい。

ヤモー (CV 高戸靖広)

ドクロクシーの側近。物腰は丁寧だが、
疑い深く高圧的。占いでリンクルストーンの出現場所を予知することができる。

終わりなき混沌

オルーバ (CV 杉山紀彰)

メガネをかけた眷属。自分が
動くより部下を酷使するタイプ。人間をそれなりに評価し、
研究する一面もある。

ラブー (CV 龍田直樹)

太古に封印された混沌の眷
属。ムホーという強力なエネ
ルギーを自由に操るが、本人
はいたって怠惰な性格。

チクルン (CV ニーコ)

魔法界の妖精。オルーバに弱みを握られている。プリキュア
をスパイするために接近するが、次第に親しくなる。

デウスマスト

宇宙が誕生する前から存在した混沌に意思が宿ったもの。
全宇宙のエネルギーを吸収することを目論んでいる。

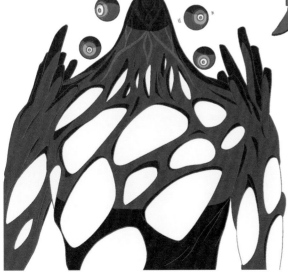

シャーキンス (CV 速水奨)

真面目で頭の固い眷属。魔法もプリキュアも軽蔑して
いるが、過小評価することなく強い警戒心で見ている。

ベニーギョ (CV 井上喜久子)

女性の姿をした眷属。強い力を持つが
気分屋で、使命感や忠誠心に乏しい。
途中で任務を投げ出すことも。

185

いちご坂町の郊外にある、いちご山が突然爆発する。しかし、吹き出したのは溶岩ではなくクリーム。キラキラルを狙う者たちが、山に住むスイーツ好きの妖精たちを襲ったのだった。

ペコリン (CV かないみか)

いちご山の妖精。宇佐美いちかと一緒にスイーツ作りに励む。人間にも変身し、後にキュアペコリンにも変身する。

キュアペコリン

キラリン (CV 水瀬いのり)

いちご山の妖精。双子の弟ピカリオとパリでスイーツ修行をしていた。悪に染まった弟を正義に目覚めさせる。

ピカリオ (CV 皆川純子)

キラリンの弟。姉との才能の差に悩む。そこをノワールにつけこまれ、ジュリオという人間の姿になり悪事を働く。

長老 (CV 水島 裕)

いちご山の長老。肉体を失っているが、幽霊ではない。普段はキラパティの中に住み、プリキュア伝説に詳しい。

グレイブ (CV 江川央生)
粗暴な幹部。手あたり次第に
暴れて、見つけたキラキラルを
根こそぎ奪う。ノワールへの
忠誠心はあまりない。

ビブリー (CV 千葉千恵巳)
口の悪い少女。ノワールから与えられ
たイルというぬいぐるみを持ち歩き、そ
れを巨大化させてキラキラルを奪う。

ノワール (CV 塩屋 翼)
100年前に封印された闇の
存在。心に闇を宿した者た
ちを部下にして、再び世界を
闇で覆い尽くそうと企む。

エリシオ (CV 平川大輔)
冷酷な幹部。過去100年にわたり、ひ
たすらキラキラルを集めていた。相手
の弱みにつけこむ心理戦が得意。

ディアブル
(CV 竹内良太)
ノワールが生み出した魔獣。
分身を生み出して群れで戦っ
たり、大勢の人間を一度に闇に
染めることができる。

187

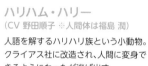

HUGっと！プリキュア

荒廃した世界からはぐたんを連れて逃げたハリー。それを追ってきたクライアス社は人々から未来を奪うことを理念とする組織。はぐたんが持つミライクリスタルを狙っていた。

ハリハム・ハリー
（CV 野田順子 ※人間体は福島 潤）

人語を解するハリハリ族という小動物。クライアス社に改造され、人間に変身できるようになったが逃げ出す。

はぐたん（CV 多田このみ）

ハリーが連れてきた女の子。プリキュアの誕生に関わっているが、日常生活ではお世話が必要な普通の赤ちゃん。

RUR-9500／ルールー（CV 田村ゆかり）

アンドロイドの少女。ホームステイ名目で野乃家に潜入し、プリキュアの情報を探るが、逆に影響されていく。

クライアス社

ジョージ・クライ（CV 森田順平）

クライアス社の社長。しばしば正体を隠して野乃はなの前に現れ、未来を暗示するかのような謎めいた言葉を残す。

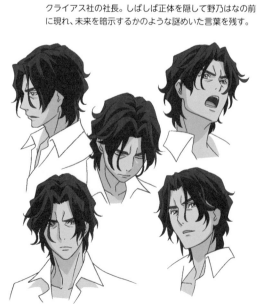

ダイガン（CV 町田政則）
クライアス支社の部長。本社から異動させられたことに強い不満を持っている。地位を鼻にかける横暴な性格。

チャラリート（CV 落合福嗣）
クライアス支社の係長。誰にでも馴れ馴れしく狡猾な性格だが、仕事の失敗を極度に恐れる小心者でもある。

パップル（CV 大原さやか）
クライアス支社の課長。自信家で高飛車だが、プリキュアとの戦いで失敗を重ね、次第に立場が悪くなっていく。

ジェロス、ジンジン（左）＆タクミ（右）
（CV 甲斐田裕子、小島よしお＆山田ルイ53世）
本社の新幹部。姑息な面があり、仕事をジンジン＆タクミに丸投げして、失敗すると責任を押しつけたりする。

リストル（CV 三木眞一郎）
社長秘書。ハリーと同じ種族で一緒に暮らしていたが、改造されたあとは自分の意思でクライアス社に入った。

ビシン（CV 新井里美）
クライアス社にスカウトされたハリハリ族の少年。逃げたハリーを今も仲間と考え、会社に連れ戻そうとする。

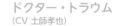

ドクター・トラウム（CV 土師孝也）
相談役にして技術者。自ら「今週のビックリドンドンメカ」と呼ぶ機械を操作して猛オシマイダーを生み出す。

スター☆トゥインクルプリキュア

星空界は人間が知っている宇宙とは違う世界で、宇宙星空連合による秩序が保たれていた。そこへ宇宙征服を企む謎の集団ノットレイダーが現れ、地球にも魔の手が伸びる。

フワ（CV 木野日菜）
不思議な力を持つ宇宙の妖精。スタープリンセスの力を解放するとき、星座に応じて12種類の姿に変身する。

プルンス（CV 吉野裕行）
フワのお世話係。スタープリンセスからフワを託され、ノットレイダーの追跡をかわしつつ、プリキュアを探す。

アイワーン（CV 村川梨衣）

高い知能を持つ科学者。プライドが高く、執念深い性格。他の星から宝物を略奪し、研究資金に充てている。

テンジョウ（CV 遠藤 綾）

天狗に似た仮面で素顔を隠している幹部。ノットレイたちを駒と断言する冷酷な性格。集団戦を得意とする。

ガルオウガ（CV 鶴岡 聡）

最高幹部。休眠状態のダークネストに代わりノットレイダーを指揮していた。厳格な性格で部下にも厳しい。

カッパード（CV 細谷佳正）

宇宙でも水中でも活動できる幹部。母星を異星人に滅ぼされた過去があり、異星人同士の友好を信じない。

バケニャーン（CV 上田燿司）

アイワーンの執事。いかなるときも冷静で戦闘に参加することは滅多にないが、身のこなしはきわめて敏捷。

ダークネスト／へびつかい座のプリンセス
（CV 園崎未恵）

強い闇の力を持つノットレイダーの首領。正体はへびつかい座のスタープリンセスだが、姿と声を偽装している。

ヒーリングっど♥プリキュア

地球の生態系を守るヒーリングガーデンは突如、ビョーゲンズという邪悪な力に蝕まれる。彼らの目的は、地球を自分たちが暮らしやすい環境に変貌させることだった。

ヒーリングアニマル

ラビリン（CV 加隈亜衣）
地球のお医者さん見習い。花寺のどかのパートナー。責任感が強く、最初はのどかがプリキュアになることに反対する。

ニャトラン（CV 金田アキ）
平光ひなたのパートナー。即断即決で行動力に富むが、思ったことをすぐ口に出す性格がトラブルになることも。

ペギタン（CV 武田 華）
沢泉ちゆのパートナー。内気で人見知り。慎重すぎて行動できないこともあるが、誠実な性格で使命感はとても強い。

テアティーヌ（CV 戸田恵子）
ヒーリングガーデンの女王。ビョーゲンズとの最初の戦いで力を失うが、プリキュアの活躍で徐々に回復する。

ラテ（CV 白石晴香）
ヒーリングガーデンの王女。のどかと一緒に暮らしている。メガビョーゲンが出現すると体調を崩してしまう。

グアイワル
（CV 安元洋貴）

野心家の幹部。ときに智略も
巡らすが好戦的で、地球を蝕
むよりプリキュアとの戦いを
楽しんでいる節がある。

ダルイゼン
（CV 田村睦心）

冷酷で身勝手な幹部。
怠惰だが、地球を蝕むこ
とには熱心。人間を宿主
にして憑依し、体力を糧
にして成長する。

シンドイーネ
（CV 伊藤 静）

感情的な女性幹部。キ
ングビョーゲンを慕っ
ており、気を惹くために
化粧をしたり、露骨に媚
びた言動を見せる。

ケダリー（CV 渡辺明乃）

メガパーツを埋め込まれたキュ
アグレースから強制排除され
た幹部。感情に乏しく未成熟だ
が強い力を持つ。

ネブソック（CV 竹内栄治）

ダルイゼンがメガパーツの実験で生み
出した幹部。ダルイゼンを兄と慕い、
褒められたい一心で大暴れする。

キングビョーゲン
（CV 郷田ほづみ）

ビョーゲンズの首領。太古の
地球に襲来するが、テアティ
ーヌと相討ちとなる。力を蓄
え、完全復活を目論む。

バテテモーダ
（CV 保志総一朗）

メガビョーゲンの種が野生動物に憑
依して誕生した幹部。言動はおどけ
ているが、残虐で破壊を楽しむ性格。

193

人魚の国・グランオーシャンは、あとまわしの魔女の襲撃でやる気パワーを奪われてしまう。やる気パワーをもっと手に入れるため、魔女の召使たちは次の目標を人間界に定める。

グランオーシャン

くるるん（CV 田中あいみ）

グランオーシャンからお菓子を届けにやって来た妖精。くるくるるんというプリキュアに変身したことがある。

くるくるるん

人魚の女王（CV 佐々木優子）

グランオーシャンの女王。ローラにトロピカルパクトを託し、プリキュアを見つけるよう地上に送り出した。本名はメルジーヌ・ミューゼス・ムネモシュネ。

キュアオアシス（CV 中原麻衣）

大昔に破壊の魔女と戦ったプリキュア。人間と人魚の両方の世界を救ったが決着はつかず、伝説だけが残った。

エルダ (CV 高垣彩陽)
本業はメイドだが、まだ子供
で人形遊びが好き。大人と同
じ責任を負わされるのがイ
ヤで家出したこともある。

チョンギーレ (CV 白熊寛嗣)
腕の良いシェフで料理にもこだわりが
ある。やる気パワーを奪う任務は本来
の仕事ではないと嫌がっている。

ヌメリー (CV 渡辺明乃)
魔女の主治医。屋敷ではエルダ
と仲がよく、可愛がっている。
変身能力があり、人魚の女王に
化けたこともある。

あとまわしの魔女
(CV 五十嵐 麗)
不老不死になり、永遠のあと
まわしの実現を目論む魔女。
しかし、何をあとまわしにし
たいのかは謎な部分がある。

バトラー (CV 小松史法)
執事。昔は魔女に仕える騎士だ
った。人魚や人間から奪ったや
る気パワーを貯め込む愚者の柩
を管理している。

メンメン (CV 半場友恵)

麺のエナジー妖精。華満らんのパートナー。のんびり屋で優しいが、本気を出すと口から火を吹くことができる。

パムパム (CV 日岡なつみ)

パンのエナジー妖精。芙羽ここねのパートナー。大人として振る舞うことにこだわっており、お洒落にもうるさい。

コメコメ (CV 高森奈津美)

お米のエナジー妖精。和実ゆいのパートナー。元気で明るい。人間に変身することができ、時間とともに成長する。

デリシャスパーティ♥プリキュア

料理の国・クッキングダムの宝物・レシピボンがブンドル団に盗まれた。さらに彼らは料理の妖精・レシピッピたちを奪おうと、ゆいたちの住むおいし なタウンに狙いを定める。

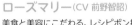

ローズマリー (CV 前野智昭)

美食と美容にこだわる、レシピボン捜索隊の隊長。デリシャスフィールドという特殊空間を生成できる。

ブラックペッパー
(CV 内田雄馬)

プリキュアのピンチに駆けつける戦士。ローズマリーのかつての同僚に衣服や戦法が似ているが、正体は不明。

セクレトルー（CV 木下紗華）
ゴーダッツの腹心としてブンドル団を仕
切っている。感情をあまり見せないが、小
声での嫌味や皮肉が多い。

ジェントルー
（CV 茅野愛衣）
怪盗の少女。おいしーなタウン
の地理に詳しく神出鬼没。クー
ルだが真面目で、ゴーダッツの
好みにも忠実。

ナルシストルー（CV 阪口周平）
機械いじりが得意な幹部。自信家で失敗した者や悩んで
いる者をしばしば嘲笑する。食べ物の好き嫌いが激しい。

スピリットルー（CV かぬか光明）
ナルシストルーが作ったロボット。食事
を単なるエネルギー補給と考えており、
大切さや喜びが理解できない。

ゴーダッツ（CV 三上 哲）
ブンドル団の首領。すべての料理とレシピ
を奪うのが目的。通常は猫に似た姿の映像
で現れ、声も変えている。

虹ヶ丘ヨヨ (CV 塩田朋子)
虹ヶ丘ましろの祖母。博識でソ
ラたちの生活を公私両面で支え
る。スカイランド王国と行き来
できるゲートを作った。

ひろがるスカイ！プリキュア

スカイランドは大地が空に浮かぶ不思議な国。その王女エル
は、誕生日にアンダーグ帝国に誘拐されかける。エルを助けた
少女ソラが行き着いたのは、人間界のソラシド市だった。

スカイランド

国王と王妃
(CV 一条和矢／吉田小南美)
エルの両親。国民から敬愛さ
れている。ふたりともエルを
溺愛しており、彼女の身の安
全を一番に考えている。

シャララ
(CV 斎賀みつき)
スカイランド王国を守る青の
護衛隊隊長で王国最強の戦
士。幼い頃のソラを助けたこ
とがあり、ソラの憧れ。

アンダーグ帝国

バッタモンダー (CV KENN)
自分では弱い者に優しいと言ってい
るが、実際は陰険で執念深い幹部。相
手を精神的に追いつめる作戦が得意。

ミノトン (CV 酒井敬幸)
誇り高き武人と称する幹部。プリキュア
との真剣勝負にこだわり、ランボーグで
も弱者を襲うことを許さない。

スキアヘッド
(CV 宮本 充)
忠実で冷徹な幹部。空間を自
由に操る能力を持ち、攻撃や
防御に使うことができる。無
表情で感情が読めない。

カバトン
(CV 間宮康弘)
エルを誘拐しようとした幹部。
強さにこだわっているが、戦い
方に品がなく、勇敢さや気高さ
も理解していない。

198

歴代プリキュア
キャラクターデザイナー
20周年記念描き下ろし色紙

本書投げ込みハガキ（※）のアンケートにお答えいただいた方の中から、各1名様にこちらの色紙をプレゼントいたします！
上北ふたご先生の色紙と合わせて全19枚の色紙の中から、ご希望の番号をひとつだけ選んでご応募ください。
当選者の発表は発送をもってかえさせていただきます。

PRECURE 20th ANNIVERSARY COLORED PAPER

① 稲上 晃
ふたりはプリキュア Max Heart

② 稲上 晃
ふたりはプリキュア Splash☆Star

③ 川村敏江
Yes!プリキュア5GoGo!

④ 香川 久
フレッシュプリキュア！

⑤ 馬越嘉彦
ハートキャッチプリキュア！

⑥ 高橋 晃
スイートプリキュア♪

⑦ 川村敏江
スマイルプリキュア！

⑧ 高橋 晃
ドキドキ！プリキュア

⑨ 佐藤雅将
ハピネスチャージプリキュア！

⑩ 中谷友紀子
Go!プリンセスプリキュア

⑪ 宮本絵美子
魔法つかいプリキュア！

⑫ 井野真理恵
キラキラ☆プリキュアアラモード

⑬ 川村敏江
HUGっと！プリキュア

⑭ 高橋 晃
スター☆トゥインクルプリキュア

⑮ 山岡直子
ヒーリングっど♥プリキュア

⑯ 中谷友紀子
トロピカル〜ジュ！プリキュア

⑰ 油布京子
デリシャスパーティ♡プリキュア

⑱ 斎藤敦史
ひろがるスカイ！プリキュア

⑲ 上北ふたご

読者プレゼントは、第三者への譲渡、譲渡申し出、オークション出品等を固く禁止させていただきます。これに違反した場合は、当選を取り消し、賞品の返還ないし、価格賠償をお願いいたします。

ENQUETE
アンケート

Q1 本書をどこで知りましたか？

Q2 今後、読んでみたいプリキュアの記事を教えてください。

Q3 ご意見、ご感想などご自由にお書きください。

締切
2024年
1月末日
当日消印有効

※「プリキュア20周年アニバーサリーブック」または「プリキュア20周年キャラクターブック」の投げ込みハガキでご応募できます。

PRECURE
20th ANNIVERSARY

プリキュア20周年キャラクターブック

2023年11月1日　初版発行
2023年12月5日　第2刷発行

監修
東映アニメーション

執筆
宮 昌太朗
津久田重吾

装丁・本文デザイン
宮下裕一 [imagecabinet]

協力
イード

編集
串田 誠
山本貴志
倉本江梨

編集協力
木川明彦 (ジェネット)
水野二千翔 (高円寺工房)
木村和美

発行人
野内雅宏

編集人
串田 誠

発行所
株式会社一迅社
〒160-0022
東京都新宿区新宿 3-1-13
京王新宿追分ビル 5F
03-5312-7439 (編集部)
03-5312-6150 (販売部)
発売元：株式会社講談社 (講談社・一迅社)

印刷・製本
大日本印刷株式会社

Printed in Japan
ISBN978-4-7580-1846-3